# 한자의 역설

# 한자의 역설

2009년 11월 30일 초판 1쇄 발행
2010년 11월 17일 초판 2쇄 발행

**펴낸곳** (주)도서출판 **삼인**

**지은이** 김근
**펴낸이** 신길순

**등록** 1996.9.16. 제 25100-2012-000046호
**주소** 03716 서울시 서대문구 연희로 5길 82(연희동, 2층)
**전화** (02) 322-1845
**팩스** (02) 322-1846
**전자우편** saminbooks@naver.com

**표지디자인** (주)끄레어소시에이츠
**제판** 문형사
**인쇄** 대정인쇄
**제본** 성문제책

ISBN 978-89-6436-002-6  03720

값 12,000원

# 한자의 역설

한자는 중국을 이렇게 지배했다

김근 지음

삼인

| 글 싣는 순서 |

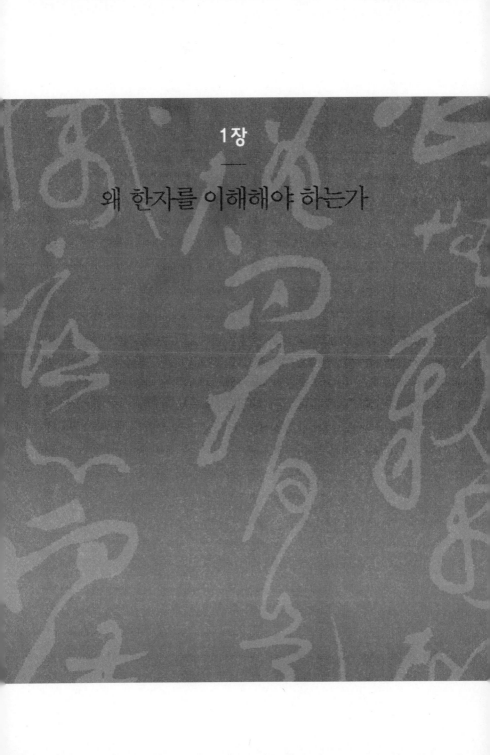

# 1장

# 왜 한자를 이해해야 하는가

중국인들이 자국을 자랑할 때 흔히 "띠따, 런뚜어, 리스지우.(地大, 人多, 歷史久.)"라고 말한다. 풀어 말하자면 땅이 넓고, 인구가 많고, 역사가 유구하다는 뜻이다. 아닌 게 아니라 중국인들 스스로 주장하듯 우(禹)임금의 하나라를 최초의 국가로 인정한다면 대략 4000년의 역사가 되는데, 이렇게 오랜 기간을 동일한 국가 체제로 유지해오고 있는 나라는 지구상에 중국밖에 없다. 그것도 작은 나라가 아니라 대륙의 어마어마한 인구를 보유한 나라로서 말이다. 우리는 일반적으로 중국처럼 대륙을 차지한 큰 나라가 하나의 체제로 유지되는 것을 긍정적인 시각으로, 그리고 지극히 당연한 현상으로 보는 경향이 있다. 반면에 유럽 대륙처럼 조각난 작은 나라들이 다닥다닥 붙어 있는 것을 보면 분화(또는 분열)를 상기하면서 부정적인 시각으로 보는 것이 사실이다. 그러나 개인과 개인 사이에 동일한 시각과 정서를 공유하기가

중국 전도

유럽 전도

〈그림 1〉

근본적으로 힘들다는 현실을 감안한다면, 개인들로 구성된 사회 역시 분화가 정상적이고 통일은 비정상적일 수밖에 없다는 결론에 수긍하게 된다. 통일도 구성원 사이의 상호 이익에 근거한 느슨한 연합의 형태라면 모를까 종족이나 민족 정서와 같은 정체성에 근거한 전체주의적인 통일이라면 더욱 비정상적일 것이다.

하나의 통일 체제로서 4000년의 역사를 유지해온 것이 자연스러운 현상이 아니라면 여기에는 어떤 인위적인 힘이 작용했을 터인데, 중국인들은 주저 없이 이 힘을 한자에서 찾는다. 그 이유는 이러하다. 즉, 국가와 사회의 분화는 언어의 분기에서 비롯되는 것이 일반적인데, 중국 역시 방언의 복잡한 분기로 말미암아 의사소통이 어려워 분화/분열의 위험이 상존했다. 그런데 다행히 문자를 한자로 쓴 덕에 이 난관을 극복했다는 것이다. 다시 말해서 한자는 이미지로 소통하는 메커니즘이기 때문에 구어로는 소통이 안 되더라도 그림을 보고 의미를 파악할 수 있었으므로 소통에 성공했고, 그래서 통일 체제를 유지할 수 있었다는 주장이다. 결론부터 말하자면 일단 일리 있는 설명이다. 그러나 단지 의사소통에 실패하지 않았다고 해서, 다시 말해 상대방이 무슨 말을 하는지를 이해했다고 해서 상대방의 입장까지 완전히 이해하고 갈등을 접는 것은 아니다. 개인적인 인간관계에서도 말귀를 못 알아들어서 서로 싸우는 것은 아니지 않는가? 여기에는 단순한 의사소통을 넘어서는 다른 힘이 작용해왔음을 우리는 직감할 수 있다. 그 힘은 무엇이며 어디서 오는 것인가?

이에 대한 해답을 구하기 전에, 우리는 먼저 왜 중국은 큰 나라로 통일 체제를 유지해야 할 필요가 있었는지를 알아보아야 한다. 왜냐하면 그 사회적 수요의 배경을 먼저 밝히지 않고서는 한자가 갖는 과잉적 힘의 본질을 납득할 수 없기 때문이다.

잘 알려진 바와 같이 중국 문명은 황하 중류 지역(오늘날의 하남성과 섬서성 일대)을 중심으로 발달했다. 이곳을 흔히 중원(中原)이라고 불렀는데, 이 지역은 문자 그대로 광활한 평원지대였다. 촌락

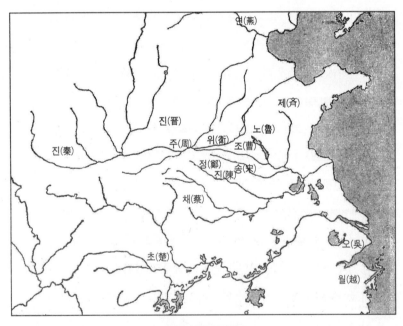

〈그림 2〉 춘추시대 지도

과 도시가 형성되기 위해서는 안보의 조건을 갖추는 것이 무엇보다 중요한데, 광활한 평원지대에서 외적으로부터 안보를 확보하려면 사람 수가 많아야 한다. 왜냐하면 평원은 자연적 장애물이 없이 사방이 훤히 터져 있어서 사방을 사람들로 채워야 하기 때문이다. 이에 비해 우리나라와 같이 산지가 많은 지형은 골짜기에 자리를 잡으면 삼면을 산이 보호해주므로 앞쪽에 터진 골짜기만 지키면 된다. 우리나라의 동네 이름에 골(谷)이나 동(洞)이 많은 것은 이러한 주거 위치를 표상한 데서 비롯된 것이다.

평원지역에서는 작은 집단보다는 큰 집단이 안보에 용이하다는 사실을 경험적으로 인식한 고대 중국인들은 집단이나 사회조직을 되도록 크게 만드는 데 관심을 가졌고 아울러 이를 성공적으로 수행한 사람을 영웅으로 여기게 되었다. 이러한 민중의 열망에 영웅이 되고자 하는 사람들은 대륙의 대통일에 관한 담론과 비전을 강구해왔으니, 이러한 역사적 과정에서 대륙에 거주하는 사회구성원들은 자연스럽게 큰 것이 아름답다는 미학적 의식을 갖게 되었던 것이다. 이것이 바로 중국인들이 자랑스럽게 여기는 '대(大)'의 미학이다.

그러나 큰 것이 아무리 중원지역의 안보에 용이하다고 해도 난제가 없는 것은 아니다. 즉, 조직이 크면 클수록 관리가 용이하지 않다는 점이다. 조직을 통일체로 일사불란하게 다스리려면 구성원 간에, 또는 하위 조직들 간에 갈등이 없는지 세세히 살펴서 상호 간의 모순을 찾아내 미리미리 해결해주는 것이 지도자의 임무이자 덕목일 것이다. 그러려면 철저하고도 정확한 조사와 통계에 근거하여 정책을 수립하고 시행하는 실사구시(實事求是)적인 통치가 필수적일 것이다. 그러나 오늘날처럼 교통과 통신 수단이 발달하지 않은 고대에 실사구시적인 통치는 거의 불가능에 가까운 일이었다.

그래서 그 대안으로 생각해낸 것이 이상적인 국가 및 사회 체제와 그 속에 사는 인간의 바람직한 인격의 모습을 관념적인 틀로 먼저 만들어놓고, 이를 하나의 이념으로써 세계에 무차별적으로 적용하는 통치 방식이었다. 이를테면 삼강오륜(三綱五倫)이라는 윤리적 질서의 틀 안에서 인의(仁義)로 수양된 인격체들이 상호 다스리고 다스림을 받는 소강(小康) 사회가 바로 이 모델이리라. 이 모델은 너무 오래 지속돼 내려왔으므로, 이를 바꾸는 것은 그리 쉽지 않았다. 처음에는 그래도 유가의 모델과 도가의 모델이 경쟁함으로써 이 대안이 지양(止揚)되는 효과가 있었지만 송대 이후에는 아예 신유가(新儒家)로 통일되면서 보완적 차원의 수정만 약간 있었지 근본적 변화는 없었다. 이는 중국의 혁명이 기본적으로 역성(易姓)혁명일 수밖에 없었던 이유이기도 하다. 이러한 관념론적인 통치 방식은 경험과 통계에 근거한 실사구시적인 통치 방식에 비해 정확성은 뒤떨어지지만 넓은 지역을 획일적으로 관리할 수 있는 통일성을 확보할 수 있다는 장점이 있었다.

그러나 현실에 기초하지 않은 관념적인 틀을 각 지역의 특성을 고려하지 않고서 획일적으로 적용한다면 지역적인 저항에 필연적으로 부딪칠 수밖에 없을 것이다. 그러므로 이러한 통치 방식을 적용하려면 필수적으로 저항을 근본적으로 무력화시키거나 길들이는 작업이 수반돼야 한다. 즉, 틀이 당연한 이치임과 아울러 이 틀에 순종하는 것이 마치 천륜을 지키는 일이나 의무처럼 여기게 하는 헤게모니의 확립이 필수적이었다. 그래서 중국에서는 매우 일찍부터 이치(틀)를 헤게모니로 정당화하기 위한 이데올로기가 발달했다.

관념적 틀이 구체적인 세계를 구축해낸 결과 중의 하나가 형이상학적 윤리관인데, 이것은 기실 아무것도 없는 무(無) 위에 세워진 사상 체계이므로, 이것이 사람들에게 당연한 이치로 여겨지는 헤게모니로서 유지되려면 이를 관습적으로 각인할 수 있는 문화적 도구나 통로가 필요하다. 이 역할을 중국에서는 한자가 떠맡았으니, 이런 의미에서 보자면 중국 문화는 한자 문화라고 정의해도 과언은 아닌 것이다.

여기서 우리는 관념적 틀인 이데올로기를 헤게모니로 만드는 데에는 대략 두 가지 방도가 있다는 점을 지적하고 넘어갈 필요가 있다. 하나는 이념 투쟁을 통해 헤게모니로 만드는 것인데, 이는 이념과 이념 사이에 우열을 다투게 해 다른 쪽을 배제함으로써 헤게모니로 정착하는 방식이다. 이를테면 프롤레타리아 혁명 같은 것이 그 대표적인 예인데, 이는 근본적으로 '부정의 부정'이라는 경쟁적 토대 위에서 진행되는 속성을 갖고 있기 때문에 기실 안정적이어야 하는 헤게모니의 조건을 충족시키기가 힘들다.

그리고 다른 하나가 바로 앞서 말한 바, 문화적 통로를 통해 헤게모니를 구축하는 방식이다. 문화적 통로는 사회를 구성하는 기능을 수행하므로 근본적으로 억압과 금기에 의존한다. 그 대표적인 예를 우리는 언어와 문자의 활용에서 찾아볼 수 있는데, 이러한 억압과 금기의 언어와 문자를 일상적으로 쓰다 보면, 그 억압의 이면에 (무의식적인) 향락(주이상스)이 발생해 사용자들이 자연스럽게 억압과 금기에 복종하게 되고 이를 통해 헤게모니가 형성된다. 이를테면, 고대 중국의 예법에 의하면 자신을 낮추지 않아도 되는 사람은 천자(황제) 단 한 사람뿐이고, 나머지는 신분이 아무리 높다 하더라도 스스로를 지칭할 때에는 낮춰 불러야 한다. 예를 들면, 황제는 자신을 위한 유일한 제1인칭인 '짐(朕)'을 써도 되지만, 제후들은 '과인(寡人)', '불곡(不穀)' 등과 같이 자신을 낮추는 제1인칭 대명사를 써야 한다. 여기서 '과인'은 '덕이 모자라는 사람'이란 뜻이고, '불곡'이란 '현명하지 못한 사람'이란 뜻이다. 마찬가지로 신하도 임금 앞에서 자신을 '신(臣)'으로, 황후와 왕비도 자신을 '첩(妾)'으로 각각 낮춰 불러야 하는 게 예의이다. 여기서 '신'과 '첩'은 각각 남자 노예와 여자 노예를 지칭하던 말이었다. 또한 옛날 성인 남자에게는 이름이 두 개 있었으니 하나는 명(名)이고 다른 하나는 자(字)이다. 명은 태어나면서 받아 호적에 올리는 법적 이름이고, 자는 관례를 치른 후 성인이 된 징표로 받는 이름이다. 그래서 남을 부를 때에는 성인의 이름인 자로 불러주고 자신을 일컬을 때는 명으로 부르는 것이 예의이다. 스스로를 낮춰 부르는 것은 자신을 억압하는 행위임과 동시에 상대를 범하지 못하게 하는 금기이기도 하다. 금기는 그 너머에 금지되지 않은 무한한 향락(주이상스)이 있을 것 같은 환상을 발생시키는데, 이것은 억압이 주는 피학(마조히즘)과 상승 작용을 해서 상호 간에 과잉적 힘을 생산한다. 이것이 사회적 윤리로 현상한 것이 바로 장유유서(長幼有序)인데, 이는 강압에 의해 수행되는 것이 아니라 장유가 각자 즐거운 마음으로 자발적으로 참여함으로써 이루어지는 것이므로 '긍정의 긍정'이라는 토대 위에서 헤게모니로 정착된 것이라고 규정할 수 있다. 따라서 문화적 통로에 의해 형성된 헤게모니는 그 과정에 저항이 없을 뿐만 아니라 합의가 자연스럽다는 장점이 있다.

이처럼 중국인들에게 있어서 가능한 한 큰 집단이 되고자 하는 사회적 욕망은 기실 무의식적인 욕망일 뿐이므로, 이것이 거대한 국가적 통일 체제로 구체화되기 위해서는 이 욕망이 도대체 무엇인지 구체적으로 감각할 수 있는 기호(좀 더 세밀히 지적하자면 기표)가 필요하다. 다시 말해서 그들의 욕망이 존재하는 것처럼 보이려면 그 비전(환영)이 전개되는 장소가 먼저 구비돼 있어야 하는데,

한자가 그 역할을 떠맡았다는 말이다. 마치 영화에서 영상을 보려면 스크린이 있어야 하듯이 말이다. 즉, 큰 집단이 되고자 하는 사회적 욕망이 한자의 기능과 만남으로써 한자를 사용하는 주체(중국인)들은 대일통(大一統)에 대한 감응이 최대화되어 그러한 상태(대일통)를 헤게모니로 여기게 되는 것이다. 따라서 한자 위에서 실현된 환상의 세계가 실제 세계에서도 이뤄지지 않으면 안 된다고 여기고 그 세계의 어느 한 귀퉁이라도 떨어져나가는 것을 참지 못한다. 중국의 역사에서 분열된 시기에 등장하는 영웅들은 반드시 백성들의 이 욕망에 초점을 맞춤으로써 힘을 모았다. 《삼국지연의(三國志演義)》를 읽어보면 영웅으로 등장하는 주인공들이 각자 백성들을 설득하기 위해서 갖가지 통일담론에 골몰하는 것을 볼 수 있는데 이 또한 바로 그런 이유 때문이다. 이런 욕망에 사로잡혀 있는 한, "죽는 건 조조 군사"라는 속담도 있듯이 종국적으로 백성들만 도탄에 빠질 뿐이다. 따라서 제갈공명이 제안한 '천하삼분(天下三分)의 계(計)'는 분열 상태가 오히려 유리할 때도 있다는, 사실상 매우 현실적인 대안이었지만 결국 얼마 안 가서 그들은 대일통의 욕망을 이기지 못하고 균형을 깨뜨리고 만다. 대만의 정치적 현실도 이와 유사하지 않은가? 주민의 대다수가 대만의 독립을 원하고 있으면서도 대일통의 욕망은 넘어서지 못하고 있는 현실은 시사하는 바가 크다. 그래서 중국인들은 한자에 더욱 집착할 수밖에 없다. 한자의 기능과 쓰임이 정교해질수록 대일통의 유지는 더욱 효과를 발하고, 따라서 한자의 힘은 신화적으로 더욱 배가되어 느껴지게 된다.

청나라 오교(吳喬)는 《위로시화(圍爐詩話)》에서 시(詩)와 문(文)의 차이를 비교하여 다음과 같이 설명한 적이 있다.

> 의상(意想)●에 어찌 두 가지 있겠는가? 의상은 같지만 그 쓰임새가 다른 것이니, 그래서 시와 문의 체제에 차이가 생긴 것일 뿐이다. 의상은 쌀에 비유할 수 있는데, 밥과 술은 같은 곳(쌀)에서 나온 결과물들이다. 문은 비유컨대 (쌀을) 불로 익혀서 밥을 만든 것이고, 시는 비유컨대 빚어서 술을 만든 것이다. ……(중략)…… 문이 단어들을 조직할 때에는 반드시 의상의 다른 짝이 되도록 해야 하는 것이니, 밥이 쌀의 모양을 변하게 하지 않음과 같아서 이를 먹으면 배가 부르게 된다. 시는 단어들을 조직할 때에는 반드시 의상의 다른 짝이 되지 않아도 되는 것이니, 술이 쌀의 모양을 완전히 변하게 함과 같아서 이를 마시면 취하게 된다.
> (意豈有二? 意同而所以用之者不同, 是以詩文體制有異耳. 意喩之米, 飯與酒所同出. 文喩之炊而爲飯, 詩喩之釀而爲酒. …… 文之措詞必副乎意, 猶飯之不變米形, 啖之則飽也; 詩之

---

● '의상(意想)'은 원문의 '의(意)'를 번역한 말인데, 이는 사물(대상)에 대하여 주체가 인식·감지한 개념, 감각, 인상 등을 분화하지 않은 상태에서 총체적으로 일컫는 말이다.

措詞不必副乎意, 猶酒之變盡米形, 飮之則醉也.)

　여기서 느닷없이 시론 이야기를 꺼내는 것은 한자가 발휘하는 힘에 두 가지가 있다는 점을 설명하기 위해서이다. 즉, 단순하게 한 사회의 기록 수단인 문자로서 갖는 기능적 힘이 먼저 있고, 아울러 이 힘을 바탕으로 해서 증폭되는 신화적 힘이 존재한다. 한 사회에 통용되는 문자는 그들이 쓰는 언어의 특성과 관계가 깊다. 한자는 중국어(정확히는 한어)의 의미적 특성을 그대로 담기 위해서 고안된 문자이므로, 그들의 사고와 문화를 반영하는 기능이 내재돼 있기 마련이다. 이 기능적 힘이 위의 시론에서 말하는 밥의 힘이자 문의 힘이다. 이 힘은 배를 부르게만 하면 제 기능을 다한 것이다. 그러나 사회를 바꾸고 역사를 바꾸는 힘은 이 기능적 힘만 갖고서는 부족하다. 이를 뛰어넘는 증폭된 힘, 또는 취하게 하는 힘이 있어야 신화가 가능한 것이니, 이 힘이 비유컨대 술의 힘이자 시적인 힘이다. 한자의 신화적 힘은 한자의 태생적인 기능적 힘이 강렬한 사회적 욕망을 만났을 때 가능했던 것이다.

　슬라보예 지젝(Slavoj Žižek)은 《죽은 신을 위하여(the Puppet and the Dwarf)》의 서문에서 발터 벤야민(Walter Benjamin)의 말을 뒤집어 "신학이라는 꼭두각시는 언제나 승리한다. 신학이 역사적 유물론을 자기편으로 끌어들인다면, 누구와 싸워도 그 게임은 승산이 있다. 오늘날 역사적 유물론은 알다시피 보기 흉할 정도로 삐쩍

마른 터라, 사람들의 눈에 띄지 않게 해야 한다."라고 말한 바 있다. 이 말을 여기에 원용한다면, 신학은 신화적 힘에, 역사적 유물론은 기능적 힘에 해당한다고 말할 수 있을 것이다. 승리하기 위해서는 신화적 힘이 필요하다. 그러나 이 힘은 기능적 힘의 도움과 조종이 없이는 발휘될 수 없다. 단, 여기서 주의할 것은 신화적 힘 뒤에 기능적 힘이 작용하고 있음을 사람들이 모르게 해야 한다는 점이다. 이것이 발각되면 신화적 힘은 무너지게 돼 있다.

　바로 이러한 의미론적 메커니즘이 한자에서 그대로 적용되어 중국 인민들과 그들의 문화를 지배해왔다. 즉, 거대 집단의 대일통을 유지할 수 있는 힘은 분명 실제적 힘을 넘어선 과잉적 힘이어야 하는데, 이는 한자의 유물론적인 조종이나 조작에 의해 발현될 수 있다. 따라서 우리는 한자의 메커니즘과 기능을 먼저 알아보고 이것이 증폭된 힘으로 발전하는 과정을 살펴볼 것이며, 아울러 이 힘이 중국 인민들의 삶에, 나아가 한자를 사용하는 동아시아 문화에 어떻게 영향을 끼쳤는지를 살펴볼 것이다.

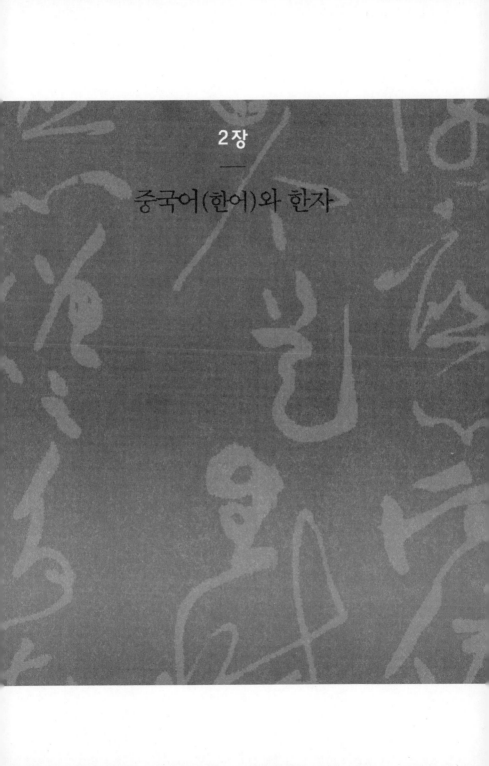

2장
—

중국어(한어)와 한자

문자는 기본적으로 언어를 표기하는 수단이므로 한자 역시 한어를 표기하기 위해서 생겨났다. 한자는 표기 수단으로서 장점이 여럿 있지만, 읽기 어렵고〔難讀〕, 쓰기 어렵고〔難寫〕, 기억하기 어렵다〔難記〕는, 이른바 삼난(三難) 때문에 문자로서의 기능을 제대로 발휘하지 못한다는 비판을 아주 오래 전부터 받아왔다. 그래서 근대에 와서는 일부 진보적 지식인들 사이에 한자는 개혁되거나 심지어 다른 문자로 대체돼야 한다는 적극적인 주장들이 등장하게 되었다.* 실제로 대체 문자를 고안하여 제시한 사람도 있었고 중국 정부 수립 후에는 정부가 정책적 차원에서 문자개혁을 연구하여 이를 시행해보기도 했다. 그러나 문자개

---

● 이에 관해서는 구라이시 다케시로(倉石武四郎), 김종오 옮김,《한자의 운명》(서울: 정음사, 1974)을 읽어보기 바람.

혁은 생각처럼 쉽지 않았다. 거기에는 몇 가지 이유가 있지만, 무엇보다 중요한 이유는 문자는 언어의 특성을 반영해야 하는데 병음(拼音)문자와 같은 음소문자로 대체하면 이것이 불가능하다는 점이다.

그렇다면 문자에 반영돼야 하는 한어의 특성은 무엇인가? 한어의 가장 기본적인 특성은 한 음절이 하나의 의미를 갖는 음절 중심의 언어이자 각 음절이 발음될 때에 성조(聲調)가 실현되는 성조언어라는 점이다. 음절 내에서 성조가 실현되는 곳은 모음 부분이므로 의미도 모음에서 결정되고 음이 변화하더라도 모음은 잘 변하지 않고 모음의 앞뒤에 붙은 자음만 변하는 경향이 강하다. 이를테면, '감(感)' 자는 중세까지만 해도 'gam'으로 읽혔는데 현대에 다서는 'gan'으로 읽는다. 모음 a 뒤의 m이 n으로 변화한 것이다. 또한 '강(降)'은 중세에는 'kang'으로 읽혔지만 오늘날에는 'jiang' 또는 'xiang'으로 읽힌다. 모음 a 앞의 초성인 자음이 k에서 j 또는 x로 변화하는 것을 볼 수 있다. 이처럼 한어의 음절에서 자음은 수시로 변화하지만 모음은 매우 보수적이라는 사실을 알 수 있다. 그래서 한어 음운학에서는 모음을 중심적 음소라는 의미의 원음(元音)이라는 용어로 지칭한다.

반면에 자음은 앞의 예에서 본 바와 같이 모음의 앞뒤에서 수시로 바뀌고 심지어는 탈락하기까지 하는 불안한 현상을 보인다. 이것은 한어에서 자음의 존재는 의미의 변별력에 있어서 그리 중요하게 취급되지 않았다는 사실을 반증한다.

이에 비해 음소문자를 사용하는 유럽 언어를 보면 한어와는 반대로 자음이 매우 발달해 있음을 볼 수 있다. 이를테면, 영어의 'script'라는 단어는 모음은 i 하나인 데 반해 자음은 다섯 개나 된다. 독일의 철학자 '니체(Nietzsche)'의 이름을 한어로 음절화하면 Ni-cai(尼采)가 되는데, 한어에서 c라는 하나의 음소면 표기 가능한 것을 독일어에서는 무려 다섯 개의 자음(tzsch)을 동원해 변별하고 있다. 이는 그만큼 유럽 언어가 자음 위주로 의미를 변별하고 있음을 드러내는 사례라 말할 수 있다. 그래서 한어 음운학에서는 자음을 모음에 대한 보조적인 기능을 하는 음소라는 의미에서 보음(輔音)이라는 용어로 지칭한다.

중국에는 남북조시대부터 내려오는 전통 음운학이 있는데 이를 성운학(聲韻學)이라고 불렀다. 성운이란 한어의 음절을 성모(聲母)와 운모(韻母)라는 두 가지 음소로 분해한 것을 말한다. 전자는 자음에 해당하는 부분을, 후자는 모음에 해당하는 부분을 각각 가리키는데, 운모가 모음과 다른 점은 모음 뒤에 붙는 자음까지도 포함한다는 점이다. 이를테면, '동(東)'자를 음소별로 분해하면 'd + o + ng'의 세 부분으로 나눠지는데, 여기서 앞의 d는 성모이고 뒤의 'o + ng', 즉 ong이 운모이다. 운모는 모음 뒤의 자음까지 포함해서 일컫고 있음을 알 수 있다. 한자의 표기법으로 반절법(反切法)이라는 게 있다. 이것은 특정 한자의 음절을 나타내기 위하여 그 한자의 성모 및 운모와 같은 음가를 가진 다른 글자를 끌어와서 그 독음을 합성해내는 방법이다. 앞의 '동(東)' 자를 반절법으로 표기하면 '덕홍절(德紅切)'이 되는데, '덕(德)'은 '동(東)'과 성모가 같고, '홍(紅)'은 ('동'과) 운모가 같으므로 이 두 음소를 합성하면 dong이 된다. 이때 '동(東)'의 성조인 평성은 운모(정확히는 모음)인 ong에서 실현된다.

모음 위주의 언어라는 한어의 이러한 특성 때문에 옛날부터 중국에는 《절운(切韻)》을 비롯하여 《광운(廣韻)》, 《등운도(等韻圖)》에 이르기까지 운을 연구한 운서(韻書)들이 많이 출간된 반면, 자음에 해당하는 성(聲)을 연구한 책은 별로 나오지 않았다.

한어는 기본적으로 단어가 단음절어로 구성돼 있는 데다, 그 음절 또한 모음 위주, 정확히 말하면 운 위주로 결합된 것이므로 이를 표기하려면 운을 읽을 수 있는 문자가 유리할 수밖에 없다. 운을 표기하고 읽을 수 있는 방법이 바로 형성(形聲)인데, 형성은 한자의 주요 조자법(造字法)이다. 이에 관해서는 뒤에서 좀 더 자세히 다룰 것이다. 아무튼 한어가 단음절어 중심이기 때문에 궁극적으로 하나의 단어는 하나의 글자(한자)를 갖고, 이는 다시 하나의 음절을 갖는다는, 이른바 '일사(一詞)—일자(一字)—일음(一音)'의 대원칙을 세울 수 있다.

그런데 여기에 중대한 모순이 발생한다. 사회가 발전할수록 단어도 증가하는데, 그에 따라 글자 수가 늘어나는 것은 받아줄 수 있지만 음절 수의 증가는 현실적으로 제한돼 있다는 점이 문제였다. 즉, 한어의 음운 구조에서 형태소가 될 수 있는 음절의 수는 대략 400여 개쯤 된다. 이 400여 개의 음절로 무한정 증가하는 단어를 변별력 있게 표기하자면 '일사—일자—일음'의 대원칙을 지킬 수가 없다는 말이다. 그래서 어쩔 수 없이 한 음절로 여러 단어를 중복해서 표기하기에 이르렀는데, 이 때문에 한자에 기실 각기 다른 단어(글자)임에도 같은 독음으로 읽히는 이른바 동음이어(同音異語)가 많이 생긴 것이다. 동음이어는 같은 독음으로 읽혀서 어의 변별력이 약하므로 이를 보완할 기제가 필요한데, 이것이 한자의 시각적 변별 요소가 되는 자형이다. 이를테면, '들을 청(聽)'과 '마루 청(廳)'은 동음이어인데 이 둘을 변별하기 위해서 후자에 '집 엄(广)' 자를 추가한다. 이것은 앞의 유럽 언어의 예에서 '니체(Nietzsche)'를 변별적으로 쓰기 위해 자음을 'tzsch'와 같이 다수로 동원하는 것과 같은 기능이라고 볼 수 있다. 따라서 한어에서도 모음 위주의 음절을 표기하고자 하는 수요를 벗어나 자음으로써 변별력을 추구하고자 하지 않는 한, 한자의 기능은 그 어떤 새로운 문자로써도 대체할 수 없는 것이다. 한자의 폐지나 대체가 불가능한 이유가 바로 여기에 있다.

앞서 설명한 바와 같이 한어는 음절 수의 현실적 제한 하에서 '일사—일자—일음'의 원칙으로 발전·변화하는 언어이고 문법적으로는 형태 변화가 없는 고립어 형태여서 어의가 원형질적이자 카오스적이다. 이를테면,《논어(論語)》〈위정(爲政)편〉에 보면 다음과 같은 공자의 말이 있다.

부 모 유 기 질 지 우
父母唯其疾之憂.

이는 의미가 모호해서 후대 학자들의 해석이 분분하고 의견의 일치를 보지 못하는 대표적인 구절이다. 이 구절에 대한 여러 가지 해석 중 주요한 것 세 가지만 간추려보면 다음과 같다.

① 부모님은 오직 자식의 병을 걱정하신다.
② 부모님께는 오직 자식의 병만을 걱정하시게 해야 한다.(병은 사람 마음대로 할 수 있는 게 아니므로 이것만 걱정하시게 하고 나머지는 매사에 조신해서 걱정 끼쳐드리지 않게 해야 한다는 뜻)
③ 오로지 부모님이 병드시지나 않을까만 걱정해야 한다.(자식이 너무 효성스러우면 오히려 부모님이 걱정하시므로 부모님에 대한 걱정은 병에만 국한하라는 뜻)

우선 큰 차이를 보면 각각 ①은 주어를 부모로, ②·③은 자식으로 보고 해석하였고, 이에 따라 '유(唯)' 자가 수식하는 단어와 '기(其)' 자가 지시하는 대상이 각각 달라졌다. 유럽 언어처럼 한어의 단어에도 주격, 목적격, 소유격 등의 형태 변화가 있었다면

30

의미의 갈림 현상이 덜 했을 것이다.(그렇다고 해서 한어가 유럽 언어에 비해 열등하다는 뜻은 결코 아니다. 한어에는 다른 언어들이 갖지 못한 장점이 많이 구비돼 있다. 근본적으로 각 언어들 사이에는 우열이 존재하지 않는다.) 이처럼 문장 내 단어들 간의 관계를 규정해주는 문법적 논리성이 결여되어 있어 어의가 명쾌하게 분화되지 않기 때문에 텍스트를 상황에 따라 다르게 해석해도 크게 무리가 없는 것이 사실이다.

그래서 한자의 의미는 자연스럽게 두 가지 방향으로 생성되었으니, 하나는 자음(字音)이고 다른 하나는 자형(字形)이다. 즉, 모호한(chaotic) 성격의 의미가 자음의 청각이미지를 통해 분화되기도 하고, 자형의 시각이미지를 통해 구체화되기도 한다는 말이다. 이를테면, '정치 정(政)' 자는 원래 자형으로써 의미를 추적하자면 '세금을 걷는 행위'가 된다. 정치를 세금을 걷는 행위로 규정하면 백성들이 정치를 불신하게 되므로 이 사실을 감추기 위해서 해석한 것이 "정(政)이란 '바로잡다'라는 뜻이다.(政者, 正也.)"라는 훈고이다. 즉, 정치를 동음이어인 '정(正)'으로 해석하면, '정(正)' 자의 '바르다'라는 청각이미지로써 '정(政)' 자의 부정적인 이미지를 덧씌워 감출 수가 있는 것이다.

또한 '무(武)' 자의 원래 의미를 자형으로써 추적해보면 무사가 어깨에 창을 메고 보무도 당당히 걸어가는 모습이었다. 그런데 《좌전(左傳)》의 다음 고사는 '꿈보다는 해몽'이 얼마나 중요한가를 여실히 보여준다. 즉, 반당(潘黨)이라는 장수가 전투에서의 승리를 후세에 과시하기 위하여 적의 시체를 흙과 함께 쌓아 산을 만들어놓자고 제안하자, 초나라 임금[楚子]이 모르는 소리 말라며 하는 말이 "글자 모양을 보더라도 전쟁(戈)을 멈추게(止) 하는 것이 무(武)이다.(文, 止戈爲武.)"라는 윤리적인 해석이었다. 초나라 임금의 이 해석은 '무(武)' 자의 원래 의미와는 거리가 멀지만, 한자의 시각이미지를 이용하여 당시 상황에 적절한 해석을 가함으로써 신하의 무모한 제안을 완곡하게 거절할 수 있었던 것이다.

오늘날 우리나라 세간에서 고희나 팔순 잔치를 할라치면 이벤트 회사에서 빠뜨리지 않고 자식들에게 강요하는 순서가 노부모를 업고 장내를 도는 행사이다. 자식이 부모를 업는 것은 효성을 상징하는 대표적인 행위이다. 이는 다름 아닌 '효(孝)' 자의 자형이 자식[子]이 노부모[老]를 업고 있는 모양을 상징한 데에서 비롯된 것이리라. 이 역시 한자의 시각이미지를 통해 구체화된 의미이다.

한자의 의미 생성 기제는 이와 같이 감성적인 합리성에 의존하고 있어서 개인이나 지역에 근거한 논리나 특수성을 지양하여 보편성을 확보하는 데 유리한 장점을 갖고 있다. 따라서 한자는 통합 이데올로기를 형성하는 일에 매우 요긴하게 활용될 수 있었다. 광활한 대륙에 널리 분포돼 있는 여러 민족과 지역 사회를 한데 묶으려면 보편주의 이데올로기를 공유해야 하는데 한자의 합리성이 이의 확산에 크게 이바지했다는 말이다. 그렇다면 여기서 우리는 중국 역사에서 보편주의 이데올로기가 어떻게 형성되었고 기능해왔는지 잠시 알아볼 필요가 있다.

# 3장

중국이 일찍부터 언어·문자학에
눈을 뜨게 된 배경

인류는 거칠고 불안정한 원시 환경의 위험으로부터 생존을 확보하기 위하여 사회와 문화를 형성하고, 나아가 이를 안정적으로 유지하기 위한 (정치) 체제라는 것을 고안해냈다. 이 체제라는 것은 현실적인 절실한 필요에 의해 사회적 합의를 통해서 만들어진 것이기 때문에, 시행 초기 이를 지켜나가는 데에는 현실과 체제 사이에 모순이 별로 없었다. 그러나 현실은 변하기 마련이고 체제는 형이상학적인 형식으로 경직되는 경향을 피할 수 없으므로 이 둘은 궁극적으로 갈등 관계로 발전할 수밖에 없다. 체제가 아무리 형이상학적으로 발전하여 사람들에게 헤게모니로 인식된다 하더라도, 이것이 근본적으로 인간 스스로가 만든 것인 이상 결국에는 이에 대한 회의가 생기지 않을 수 없는 것이다. 따라서 기존 체제 하에서 이득을 누리는 일군의 사람들은 체제를 굳건히 지키기 위해서 이러한 회의를 깊이 잠재울 필요가 생기게 된다. 설사 현실과의 모순이 아직 미약하여 회의가 일어나지 않았다 하더라도 체제를 헤게모니로 강화하는 일은 국가나 사회의 발전을 위하여 매우 요긴한 조치이기도 하다.

하나의 체제가 헤게모니가 되는 것은 권력의 이데올로기를 통해서 이루어지는데, 이데올로기란 관념 형태이기 때문에 언어를 통해 구체적으로 설명되는 것이 아니라 언어 주위에 일종의 효과로서 존재하는 것이다. 그러므로 헤게모니에 대한 회의를 통해서 진실을 알고 싶다면 언어를 분석할 수밖에 없는 것이다.

상징을 전제하지 않는다면 인간 앞에 내던져진 세계에는 아무 것도 정해진 것이 없고 또한 인식되는 것도 없다. 이러한 카오스의 상태를 사람이 살 수 있는 문화적 공간으로 만들기 위해서는 안정적인 상징체계에 의지해서 세계를 분절해야 하는데, 언어 형식의 안정성과 기능성은 이 일에 크게 기여한다. 다시 말해서 부정형(不定形)의 실재를 정형(定形)의 시니피앙을 이용해서 형이상학적인 세계로 창조해내는 것이다. 이렇게 함으로써 우리는 살 수 없는 유동적인 실재에서 벗어나 안정적인 문화(또는 세계) 속에서 살아갈 수 있는 것이다. 비록 그 문화(또는 세계)라는 것이 기실 하나의 환영(幻影)이긴 하지만 말이다. 이렇게 언어가 세계를 창조한다는 명제 때문에 헤게모니라고 하는 '권력의 진실'로의 접근은 언어학적으로 시도돼야 하는 것이다.

앞서 말한 바와 같이 헤게모니는 기실 언어의 효과로서 이의 획

득은 곧 권력을 의미한다. 따라서 권력은 헤게모니의 유지를 위해서 항상 언어를 장악해야 한다. 이런 이유 때문에 동서양을 막론하고 고대에는 사물에 이름을 부여하는 일이 권력의 이름으로 수행되었다. 고대 중국의 이른바 명물훈고(名物訓詁)는 바로 이러한 의도에서 시도되었다. 고대의 통치자들은 소리(시니피앙)로 사물과 행동에 일일이 이름을 붙임으로써 사물과 행위들을 의미론적으로 폐쇄시키려 하였으니, 이는 바꿔 말하면 모든 사물과 행위를 하나의 상징체계 안에 포섭한 후 이 체계를 독점함으로써 궁극적으로 이 체계 안에 종속돼 있는 모든 사물과 행위들, 즉 세계를 장악하려는 시도인 것이다. 이것을 우리는 표상(representation)이라고 부른다. 표상이란 앞에서 말한 바와 같이 부정형의 실재를 의도된 정형으로 고착시킨다는 의미에서 권력이 된다. 이러한 표상의 권력 하에서 통치자가 의도하는 바대로 특정한 의미와 가치가 조작될 수 있는 것이다.

권력은 이데올로기로 표상되고, 이데올로기는 언어에 의해 만들어지는 일종의 효과이므로 권력은 담론(discourse)으로 이루어졌다고 볼 수 있다. 앞서 언급한 바대로 인간은 체계로서의 말에 의해서 말해지고, 세계는 담론 체계에 의해서 그 모습이 묘사(describe)되고 기술된다. 담론을 부정적으로 보는 이들은 그 대안으로 과학을 통해 세계를 객관적으로 설명한다고 하지만, 니체가 간파한 바대로 아무리 과학으로 세계를 탐구한다 하더라도 그것은 어디까지나 묘사하는 것에 지나지 않는다. 그렇다면 과학도 결국은 수사학, 또는 담론과 같은 기능을 수행하는 것에 지나지 않는다고 말할 수 있다. 따라서 어떤 경우에라도 인간은 담론 체계에 익숙해짐으로써 권력의 체계를 받아들이게 되는데, 이때가 인간이 지식의 주체가 되는 순간이다. 그러니까 담론의 주인 기표가 지식 체계가 되어, 즉 주체들에게 주입됨으로써 권력이 행사되는 것이다. 혹 대학 담론에서는 과학적 진리가 지배의 위치에 있어서 권력을 행사하는 것같이 보이지만, 기실 그 밑에 숨어 힘을 발휘하는 것은 주인 기표이다. 그리고 과학적 진리는 이를 합리화해주는 기능을 하는 것에 지나지 않는다. 왜냐하면 과학의 기능은 설명이 아니라 묘사이기 때문이다.

이러한 담론은 주인 기표를 텍스트로 조직해 주체에게 주입시킬 때 주체는 이를 자연스럽게 받아들여 그 담론이 매우 효과적으로 헤게모니를 갖게 된다. 이때 텍스트가 시적일수록, 그리고 주입의 대상인 주체가 어릴수록 유리하다. 왜냐하면 시적 텍스트일수록 감성적 호소력이 강하고 주체가 어릴수록 감수성이 예민하기 때문이다. 그러므로 텍스트가 이데올로기를 말할 때 기표들을 조직하는 형식, 다시 말해서 수사(修辭)가 중요한 것이지 내용이 무엇인가를 정확히 지시하는 것은 그리 중요한 일이 못된다. 아동 교육에서 시와 노래가 중요한 것은 바로 이 때문이다.*

프로이트(Sigmund Freud)는 성의 역사성을 설명하면서 어린 시절에는 현재라는 순간에 살지만 나이가 들면서 기억이 현재의 인상을 제압한다고 설파했다. 그러니까 어려서 배우고 접한 텍스트는 현재의 실재로 받아들여지면서 세계로 고착되고, 나아가 주체의 여생의 형이상학적 세계가 된다. 우연인지는 몰라도 소쉬르(Ferdinand de Saussure), 뒤르켐(Émile Durkheim), 프로이트 등이 발견한 "인간의 언어와 행위, 그리고 사회는 이를 지배하는 이면의 규범이나 체계가 있다."는 명제를 받아들인다면, 주체의 행위란 텍스트가 무의식상에 구조화한 내재적 체계가 발현된 것이라고 정의할 수 있을 것이다. 따라서 텍스트의 제작은 권력의 진실을 기획하는 행위가 되는 것이다.

《천자문(千字文)》에 '축물의이(逐物意移)', 즉 "사물을 쫓아다니면 뜻이 바뀐다."라는 말이 있다. 여기서 '물(物)'은 실재적 사물인데 이를 좇는다는 것은 기실 불가능한 말이므로 이는 주체의 욕망이 (사물에) 투사되어 왜곡된 환상의 모습으로 다시 인식되는 사물을 뜻한다. 그리고 '의(意)'는 글자 그대로 말소리(언어)에 담겨 있는 뜻, 다시 말해서 대타자(또는 권력)가 지시하는 담론(또는 권력의 담론)이 된다. 그러니까 주체가 주어진 매체인 언어를 통하지 않고—이 언어는 권력이 장악하고 있다.—직접 사물을 좇는다면 결국 보는 것은 주체 자신이 사물에 투사한 환상을 보는 것이고, 주

---

● 이에 관해서는 김근, 《한시의 비밀》(서울: 소나무, 2008)을 참조 바람.

체가 이를 본다면 '대타자의 담론〔意〕'이 '자리를 옮기게〔移〕' 될 테니, 이는 곧 권력의 담론이 무화된다는 뜻으로서 권력에게는 결코 바람직한 일이 아니다. 따라서 권력은 어쩔 수 없이 주체들로 하여금 권력이 의미론적으로 규정한 언어만을 통해서 사물을 보도록 유도하거나 강제하는 것이다. 이를테면, 새로 출시된 자동차 제품을 그냥 내놓고 소비자더러 스스로 선택해서 사라고 한다면 소비자는 지금 타고 다니는 중고차의 개념, 즉 탈것이라는 개념으로 신제품을 볼 것이고, 그러면 굳이 돈 들여서 바꾸려 들지 않을 것이다. 이것이 곧 사물을 자신의 경험에 비추어 직접 보고 판단하는 '축물(逐物)'의 단계이다. 이렇게 하면 수요가 일어나지 않아 자본이 권력을 잃게 되는 '의이(意移)'로 이어진다. 따라서 자본권력은 새로운 제품을 구입하면 그 소비자는 그 상품과 더불어 어떤 영웅적인 주체로 다시 태어날 것이라는 환상을 심어주는 언어를 각종 방송·언론 매체를 통해 퍼뜨리려 한다. 그래야 소비자들이 아직 더 탈 수 있는 멀쩡한 중고차를 버리고 빚을 내서라도 신제품을 살 것이기 때문이다.(실제로 자본권력은 이를 위해 '파이낸싱'이라는 이름으로 돈을 꿔주기도 한다.) 이것이 바로 대타자의 담론이고, 이 담론을 유효하게 유지시키기 위해서 자본권력은 매체를 장악하려 하는 것이다.

한대에 나온 《설문해자(說文解字)》, 《석명(釋名)》 등을 비롯한 각종 문자서들이 관학으로부터 출현한 것은, 권력이 주체들(백성)

의 욕망으로 인하여 다양하게 나타나는 환상들을 억압하여 권력의 담론을 형이상학적 실재, 곧 헤게모니로 인식하도록 하는 기획의 결과인 것이다. 중국의 경우 이러한 권력의 기획에 한자가 동원됐던 것이다.

헤게모니는 궁극적으로 해석권의 장악에서 결정된다. 즉, 아무것도 결정돼 있지 않은 실재적 세계(physis)는 상징적 질서(nomos)에 의해서 규정되는데, 이 규정이 바로 내가 인식하고 살아가는 세계의 본질인 것이다. 이러한 세계를 구성하는 질서를 당연한 것으로 여기게 하는 힘은 설득력 있는 해석에서 비롯되기 마련이다. 여기서 해석의 설득력은 사회 구성원이 즐겨 접하는 텍스트에 의해 좌우된다. 따라서 텍스트들은 실재에서 떨어져 나와 메타적 위치로 올라가 현실을 규정하는 질서의 기능을 충실히 수행해야 한다. 우리가 경전이나 고전을 높이 떠받드는 것은 이 때문이며, 이는 또한 죽은 아버지라야 강력한 권위의 질서(거세 또는 금지)로 귀환한다는 살부(殺父) 신화의 메커니즘이기도 하다. 살아서 시시콜콜 잔소리를 하거나 술주정이나 하면서 인간적 냄새를 피우는 나약한 아버지의 금지에 복종하거나 거세되는 경우는 없지 않은가. 《춘추공양전(春秋公羊傳)》에 보면 "현실에서는 허락한다 하더라도 문장에서는 허락하지 않는다.(實與而文不與.)"라는 말이 자주 나온다. 이는, 말하자면, 윤리적으로 바람직하지 않은 사건이 실재에서 일어났다 하더라도 텍스트(경전)가 이를 사건으로서 규정해주지 않으면 아무런 사건도 아니라는 말이다. 즉, 사건이나 사물이 실재로서 존재한다고 해서 존재하는 것이 아니라 죽은 아버지와 같은 상징적 질서가 서 있어서 존재로 규정해주어야 비로소 존재한다는 말이다. 여기서 우리는 삶의 윤리적 근거로 삼는 텍스트가 우리 자신의 존재를 얼마나 중대하게 좌우하는지를 짐작할 수 있다. 그렇지만 텍스트는 그 자체로는 이래라저래라 하는 말을 하지 않는다. 단지 우리 스스로가 해석을 할 뿐이다. 이때 해석이란 기실 텍스트를 구성하는 개개의 문자와 문법을 단서로 해서 이루어지는 것이기 때문에 한자를 사용하는 중국에서는 문자의 기능이 특별히 중요하게 취급되는 것이다.

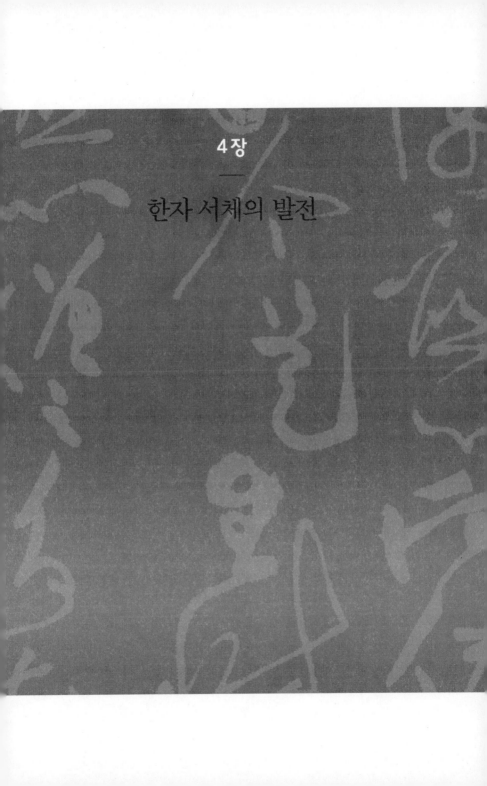

4장

—

한자 서체의 발전

한자의 기능 중에 표의(表意) 기능이란 게 있다. 표의 기능은 표현하고자 하는 어떤 특정 의미, 또는 의상(意想)을 이미지에 해당하는 자형을 통해 나타내는 기능을 뜻한다. 앞서 말한 바 있는 헤게모니는 텍스트에 대한 합리적 해석에 근거해야 하는데, 이 해석은 한자의 표의 기능을 잘 활용할 때 효과적인 결과를 얻을 수 있다. 다시 말해서 표의가 자형에 의존하는 것 이상으로 해석도 자형에 의존한다는 말이다. 그런데 한자의 자형은 고정된 것이 아니라 시대의 변천과 용도에 따라 다양하게 발전해왔다. 따라서 텍스트에 대한 해석을 연구하기 위해서는 한자의 서체(書體)와 그 발전 과정을 먼저 알아보는 게 중요하다. 오늘날의 한자는 거의 필세화(筆勢化)가 이루어져 있으므로 해석을 여기에 의존한다면 합리성을 상실할 수밖에 없게 된다.

서체[또는 자체(字體)라고도 함]는 한자의 발생 이후 지속적으로

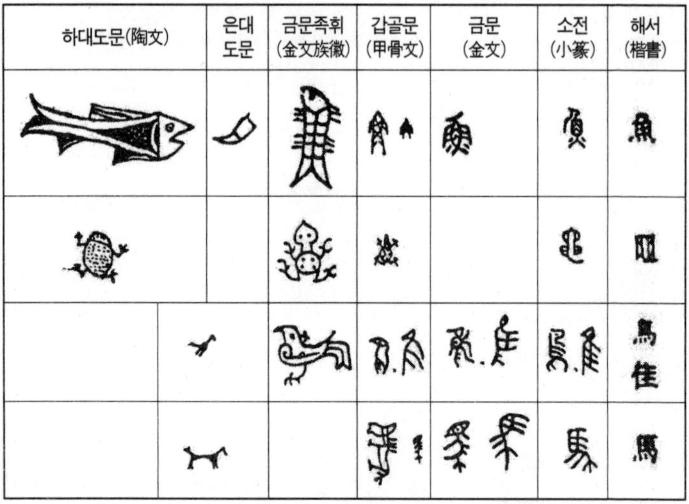

| 하대도문(陶文) | 은대 도문 | 금문족휘(金文族徽) | 갑골문(甲骨文) | 금문(金文) | 소전(小篆) | 해서(楷書) |
| --- | --- | --- | --- | --- | --- | --- |
| | | | | | | |
| | | | | | | |
| | | | | | | |
| | | | | | | |

<그림 3> 서체 발전 비교표

발전돼 왔다. 한자는 동기(motive)가 매우 높은 그림문자로부터 시작했다. 동기란 문자의 모양과 그 문자가 지시하는 대상과의 유사성을 말한다. 이를테면, 〈그림 3〉은 각 글자의 변천을 보여주고 있는데, 왼쪽으로 갈수록 대상 사물과의 유사성이 높고 오른쪽으로 갈수록 낮아진다. 즉, '고기 어(魚)' 자의 경우 맨 왼쪽의 글자는 물고기 모양을 그대로 그린 반면, 맨 오른쪽은 물고기의 모양이 많이 생략돼 있다. 그 밑의 '맹꽁이 민(黽)', '새 조(鳥)', '말 마(馬)' 등도 마찬가지다. 따라서 왼쪽의 서체들은 동기가 높고 오른쪽의 서체들은 동기가 낮다고 말할 수 있다. 이렇게 시간이 지남에 따라 서체의 동기가 낮아지는 것은 기본적으로 그림에 어음이

결합되어 문자로 굳어지게 되면 굳이 대상 사물과 같거나 비슷하지 않아도 소통이 가능하기 때문이다.

한자의 서체는 대체로 그림[圖畵]문자 단계로부터 갑골문(甲骨文), 고문(古文), 전서(篆書), 예서(隸書), 해서(楷書)를 거쳐 오늘날의 간체자(簡體字)의 순서로 발전해왔다. 여기에 덧붙여서 초서(草書)와 행서(行書)가 있긴 하지만, 이는 발전 과정에서의 서체라기보다는 서사 습관에 따른 일종의 변형 서체이므로 나중에 따로 설명할 것이다.

## (1) 한자의 기원과 관련된 그림문자

중국은 전통적으로 자신들의 역사를 황제(黃帝)로부터 시작한다. 황제는 신화시대의 인물이므로 실재 여부는 알 수 없으나 유가의 역사관에 입각하여 이후 요(堯)·순(舜)의 시기를 거쳐 우(禹) 임금의 하나라로 이어지는 것으로 기술한다. 이 시기는 지금으로부터 대략 6000년 전쯤으로 추정되는데, 고고학자들은 섬서성 서안(西安) 시의 반파(半坡) 유적이라든가, 하남성의 앙소촌(仰韶村) 유적 등이 바로 이 시대의 것이라고 주장한다.

이들 유적에서 발견된 유물들, 특히 그릇들을 관찰하면 거기에서 회화와 같은 원시 예술을 발견할 수 있는데, 문자학자들은 여기서 한자의 기원을 찾는다. 이를테면, 〈그림 4〉에서 보는 바와 같

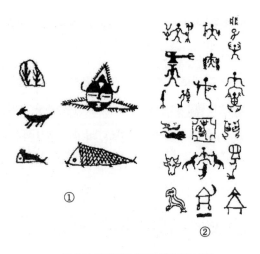

<그림 4> 앙소(仰韶) 채도(采陶)의 각종 문양

이 ①의 경우는 그릇의 미적 감각을 높이기 위해 그린 회화가 분명하지만, ②의 경우는 단순한 그림인지, 아니면 제작자의 사인(sign)인지 부족이나 씨족의 엠블럼(emblem)인지가 분명하지 않다. 이것이 후자에 속한다면 그림에 이름과 같은 어음(語音)이 개입되었을 가능성이 있고, 그렇다면 문자의 추형(雛形)이 될 수도 있었을 것이라는 추측이다. 그러나 이것은 어디까지나 추측일 뿐, 그림에 어음이 개입되었다는 증거가 없다면 문자는 될 수 없다. 단지 한자가 표의성이 강하고 동기가 높은 문자라는 특징을 감안해서 보면 어느 정도의 가능성은 인정할 수 있을 것이다.

## (2) 갑골문

앞서 언급한 바와 같이 중국은 자신의 역사를 황제로부터 시작하지만, 세계사에서는 중국사를 원래 주나라부터 인정해왔었다. 그러다가 1899년 하남성 안양현(安陽縣) 소둔촌(小屯村)에서 은허(殷墟)가 발견되면서 중국사의 연대가 공식적으로 은나라까지 거슬러 올라가게 되었다. 이 은허에서 거북의 껍질이나 소의 허벅지 뼈 등, 이른바 갑골이 대량으로 출토되었는데 이 갑

〈그림 5〉 갑골문

골에 씌어 있는 문자가 갑골문이다.(《그림 5》)

갑골에 씌어 있는 문자는 중복된 글자를 빼고 정리하면 대략 3500자 정도 되는데, 이 중 반 이상이 해독된 상태이고 지금도 이 작업은 계속되고 있다. 해독된 글자를 갖고 갑골문의 내용을 살펴보면 이들이 대부분 점을 친 내용으로 돼 있음을 알 수 있다. 그래서 갑골문을 달리 복사(卜辭), 즉 '점을 친 글'이라고도 부른다.

은나라는 아직 인문(人文)의 관념이 대두되지 않은 때여서 모

든 통치 행위를 일일이 신에게 물어서 시행하는 이른바 신정(神政)의 시기였다. 이 점의 내용과 결과를 기록으로 남긴 것이 곧 복사인 것이다. 당시 사람들은 점을 칠 때에 다음과 같은 과정으로 진행했다.

우선 점을 칠 재료로 거북의 갑이나 소의 허벅지 뼈를 준비한다.• 그리고 갑골의 일정한 부분에 불에 달군 쇠꼬챙이 같은 기구를 찔러 지진다. 그러면 단단한 갑골은 갑자기 팽창하면서 쩍쩍 갈라지게 되는데, 이때 갈라진 금을 일종의 조짐으로 간주하고 정인(貞人)이라는 점쟁이가 이를 의미로 읽어서 예언한다. '점칠 복(卜)' 자의 자형은 바로 갑골 위에 금이 간 모양을 그대로 그린 것이고, 자음인 '복' 역시 갑골이 뜨거운 열로 인해 파열할 때 나는 소리를 그대로 담고 있다. 그러고 나서 정인은 점을 친 내용과 조짐을 해독한 내용을 칼과 같은 날카로운 도구로 갑골에 새겨 넣었다.•• 점친 내용은 대체적으로 다음과 같은 형식으로 씌어졌다.

　　　某日某人卜問某事, 吉或不吉?

---

● 점치는 재료는 갑골이 주류이지만 이 외에도 사슴의 머리뼈, 코끼리 뼈, 상아 등이 사용되었으며, 아주 드물지만 인골까지도 보인다. 거북의 갑은 배 쪽의 것을 사용했다. 등 쪽의 갑은 너무 단단해서 글자를 새길 수 없기 때문이다.

●● 실제로 갑이나 뼈에다가 오늘날의 조각도로 새겨보면 알겠지만, 갑골에 글자를 새기는 일은 기실 쉽지가 않다. 그럼에도 고대인들이 이 어려운 작업을 할 수 있었던 것은 먼저 갑골을 식초에 담가서 연화시킨 다음에 새겼기 때문에 가능했던 것으로 추정된다.

(모년 모월 모일에 아무개가 무슨 일에 관해서 점쳐서 묻사오니, 길하겠습니까, 불길하겠습니까?)

점은 대개 열흘 이내의 가까운 장래 일에 대해서 치므로 그 결과가 과연 맞았는지 틀렸는지를 앞뒤의 여백에 새겨두는 것이 보통이었다. 이것을 험사(驗辭)라고 부른다.

이 험사는 나중에 역(易)의 기원에 중요한 기초가 된다. 즉, 갑골 복사의 기록과 경험이 오랜 기간 축적되면서 오류를 수정하고 보완하는 가운데 추상화된 결과물이 역이기 때문이다. '역'이라는 이름도 갑골 점과 관련이 있다. 앞서 설명했다시피, 갑골 점은 재료를 구하기도 힘들고 해독하기도 힘들기 때문에 아무나 할 수 없었고 정인이라는 전문인에 의해서만 수행되었다. 이에 비해서 역은 산주(算籌)라고 하는 여섯 개의 막대기로 괘(卦)를 구성하고 이 괘에 따른 괘사(卦辭)를 읽고 해석하면 되는 것이므로 갑골 점에 비해 엄청 쉬웠다. 그래서 '역(易)'의 이름에 '변화하다'라는 의미와 더불어 '쉬울 이(易)'가 함의돼 있는 것이다.

갑골복사의 문자들은 자음으로 읽힐 수 있음은 물론 한자의 조자(造字) 방법인 육서(六書) 체계를 그대로 갖추고 있으므로 현존하는 한자 중 가장 오래된 한자가 된다. 이들 갑골 유물은 대략 B.C. 1300년에서 B.C. 1100년 사이의 것으로 추정되므로 한자의 나이는 3300년쯤 된 것으로 볼 수 있다.

갑골문과 갑골복사의 내용이 중국 고대인들의 문화와 문명을 고찰할 수 있는 중요한 자료로 쓰인다는 사실은 이미 널리 알려져 있다. 갑골문은 당시의 생활상을 토대로 표의한 것이므로 당연히 사실적인 자료가 될 수 있고, 이 문자를 사용하여 적은 기록 내용에서도 당시의 높은 문명 수준을 가늠할 수 있다. 이를테면, 복사에는 점친 날짜를 기록하는 기년(紀年) 및 기일(紀日)법이 있는데, 기년은 오늘날 음력에서 사용하는 십간십이지(十干十二支)의 조합을 썼다. 이 역법은 1년을 열두 달로 나누고, 각 달을 큰달과 작은 달로 구분했다. 여기서 놀라운 것은 윤달을 둠으로써 오차를 보정했다는 점인데 이로써 당시에 천문역학이 놀라운 수준에 와 있었음을 충분히 짐작할 수 있다.

## (3) 고문

은나라 시기에는 갑골문만 있었던 것이 아니라 금문(金文)이라는 서체도 존재했었다. 금문은 글자 그대로 청동기에 새겨진 문자를 가리키는데, 이는 청동기시대가 시작되는 은대 후기에 나타났다. 청동기는 진흙으로 거푸집을 만들어서 여기에 쇳물을 부어 만든 것이므로 청동기에 새겨진 문자는 진흙에 써서 주조된다. 따라서 금문은 〈그림 6〉처럼 글자의 획 모양이 풍성하고 부드러운 느낌을 준다. 즉, 조각도로 새겨 썼기 때문에 날카로운 모양의 갑골

〈그림 6〉 금문

문과는 매우 대조적이다.

은나라의 뒤를 이어 주나라 정권이 들어섰는데 주나라는 서쪽 지방에 살던 민족으로서 은나라와는 사뭇 다른 문화를 들고 나왔다. 즉, 은나라 정권은 신정으로써 유지된 데 비하여 주나라는 이를 우매한 미신으로 치부하고 인간의 이성적 사유와 의지로써 미래의 불확실성에 대처하자는 이른바 인문주의(人文主義)를 표방했다. 공자는 일찍이 "주나라는 하, 은 2대를 거울로 삼아 보았으니, 빛나도다, 인문이여! 나는 주나라를 따르겠노라.(周監於二代, 郁郁乎文哉, 吾從周.)"라고 말한 바 있는데, 이는 그의 사상이 이성적 사유와 의지를 중시하는 주나라의 문화에 근거하고 있음을 나타낸다. 따라서 "귀신을 공경은 하되 멀리 하라.(敬鬼神而遠之.)"는 말 역시 은나라와의 문화적 모순에서 깨달은 인식의 지양(止揚)적 표현이리라. 이와 아울러서 주나라의 신정권이 새로운 정치를 수행하기 위해 옛 정권을 우매한 미신 권력으로 비판하고 인문을 내세운 일은 지극히 자연스러운 일이었을지도 모른다. 아무튼 주나라의 정치사상과 이에 근거한 공자의 가르침은 후대인들로 하여금 은나라 문화란 극복해야만 하는 대상쯤으로 여기게 만들었으므로 은나라는 점차 역사에서 잊혀갔고 아울러서 갑골문도 1899년에 다시 발견될 때까지 땅속에 묻혀버렸던 것이다.

주나라는 관방문자로써 주문(籀文)을 사용했다.(《그림 7》) 주문

〈그림 7〉 주문

은 태사(太史)인 주(籀)가 만들었다고 해서 붙여진 이름인데, 문자를 한 사람이 만드는 것은 불가능하므로 아마 전설에 근거한 주장일 것으로 짐작된다. 주문은 〈그림 7〉에서 보는 바와 같이 진나라 때의 관방문자인 전서(篆書), 즉 소전(小篆)과 기본 골격이 유사하므로 이를 대전(大篆)이라고도 불렀다.

앞에서 주나라는 은나라의

문화를 배격했다고 설명한 바 있는데, 이는 어디까지나 정치적 명분이었고 실제로는 제도와 예제 등 문화의 상당 부분을 은나라의 것을 그대로 답습했다. 《논어》〈위정편〉에 "은나라는 하나라 예법에 기반을 두었으므로 (둘을 비교해보면) 무엇이 더해지고 덜어졌는지를 알 수 있고, 주나라는 은나라 예법에 기반을 두었으므로 (둘을 비교해보면) 무엇이 더해지고 덜어졌는지를 알 수 있다.(殷因於夏禮, 所損益可知也, 周因於殷禮, 所損益可知也.)"라는 구절이 있는데, 이는 하, 은, 주 삼대의 문화가 기실 하나의 맥락으로 이어져왔음을 시사한다. 《시경(詩經)》 중의 《주송(周頌)》이 사실은 은나라의 《상송(商頌)》을 거의 그대로 가져다 썼다는 것은 이미 잘 알려진 사실이다. 주나라는 중원에서 보자면 서쪽의 변방 나라에 속해 있어서 당시로서는 아직 중원을 다스릴 만한 예제(禮制)가 구비돼 있지 않은 상태였기 때문에 은나라의 것을 참조하지 않을 수 없었다.

따라서 각종 의식과 제사에 쓰이는 그릇과 도구 등도 은나라의 것을 그대로 답습하게 되었고 아울러서 그러한 그릇에 쓰인 문자, 즉 주나라 금문에 은나라의 흔적이 많이 남게 된 것이다. 이러한 역사적 배경으로 인하여 은나라의 갑골문은 주나라의 금문과 주문 등으로 완전히 대체되었다.

주나라는 유왕(幽王) B.C. 771년경에 이르러 견융(犬戎)이라는 오랑캐의 침입으로 최대의 위기를 맞는다. 애첩인 포사(褒姒)의 웃는 모습을 보려고 거짓 봉홧불을 자주 올리다가 급기야 외적이 정말로 쳐들어왔을 때는 아무도 왕을 도우러 오지 않아서 결국 죽임을 당했다는 고사는 바로 이때의 사건이다. 이때 주나라를 위기에서 구해준 이가 바로 주나라의 서쪽에 자리 잡고 있던 진(秦)나라 양공(襄公)이다. 유왕의 뒤를 이은 평왕(平王)은 이미 폐허가 된 호경(鎬京)을 진나라에게 내어주고 동쪽의 낙읍(洛邑)으로 천도하는데, 이 동천 이후의 시기를 동주(東周)라 하고, 또한 공자가 《춘추(春秋)》를 이 시기부터 기록했다고 해서 춘추시기라고도 부른다. 이 시기부터 주나라 왕권은 극도로 쇠약해졌고, 대신 지방의 제후 세력이 득세하기 시작했다. 서주 시기에는 왕실기(王室器)가 많이 발견되고 춘추시기에는 제후기(諸侯器)가 많은 것은 이 사실을 반영한다. 왜냐하면 청동기는 제사 등의 의식에 사용하는 제기이긴 하지만 이는 기실 권력을 상징하는 기능도 함께 수행하기 때문이다.

그래서 서주기(西周器)는 은나라의 문화 전통을 이어받아 그릇의 모양이나 거기에 새겨진 금문의 자형이 소박하고 간결하지만, 춘추기(春秋器)는 수식이 많고 화려하며 거기에 쓰인 문자도 회화체로 발전한 양상을 보인다.(《그림 8》) 그릇이 화려해지고 문자도 장식 그림처럼 씌었다는 것은 이 그릇들이 종교적 권위를 드러내기 위해 만들어졌다는 뜻으로서, 이는 당시에 제후들 간의 권력 경쟁이 매우 치열했음을 여실히 말해준다.

이러한 현상은 춘추 말기로 갈수록 더욱 심해진다. 문자가 회화체로 발전한 것은 권력을 상징화하는 과정에서 나온 현상이지만, 한자의 역사라는 거시적 관점에서 보자면, 한자가 단순한 문자 소통의 기능을 넘어 후대에 서예라는 문자 예술품화의 단초가 되는 계기로 작용했다. 또한 이는 진나라 때 등장한 전서(篆書)의 기원이 되기도 했다.

〈그림 8〉 춘추시기의 회화체

앞서 설명한 바와 같이 춘추시기 이후 전국시기까지는 주나라 왕권이 무너지고 제후들이 실세로 등장해 중국을 통치했다.● 따라서 자연스럽게 지방 분권이 이루어지고 제후국들 간에도 교류가 뜸해져서 지방의 특색이 다양하게 반영된 문화가 발달했다. 문자도 예외 없이 지방색을 갖게 되었는데, 이러한 문자의 다양화는 민간으로도 이어져 갖가지 자형의 문자를 생산해냈다. 그 대표적인 예로 도자기에 새겨 넣은

---

● 그 대표적 실세가 제 환공(齊桓公), 진 문공(晉文公), 송 양공(宋襄公), 초 장왕(楚莊王), 진 목공(秦繆公) 등으로 일컬어지는 춘추오패(春秋五覇)이다.

도문(陶文), 도장에 파 넣은 인문(印文), 창칼 등 무기의 손잡이에 새겨 넣은 제작자의 서명(署名), 비단에 쓴 백서(帛書) 등이 있다.

주나라 관방문자인 금문과 주문을 비롯해 그 후 발전한 다양한 지역 문자들과 민간문자들은 중앙 정부의 조직적 관리를 통해 나온 게 아니므로 체계를 갖춘 문자 시스템으로 간주하기 어렵다. 금문과 주문을 관방문자로 분류하긴 하지만 정부에서 관리했다는 정확한 기록이나 증빙자료가 없으므로 문자의 체계성을 입증하기 힘들다. 체계성을 의심하는 가장 주된 이유는 무엇보다 이체자(異體字) 때문이다. 이체자란 동일한 글자의 변형체를 가리키는데, 지역적인 변형체는 말할 것도 없이 중앙 관리가 안 된 증거이고, 시간적 경과로 인해 발생한 이체자들도 그 선후를 명백히 알 수 없으므로 체계를 세울 수 없는 것이다. 이렇듯 여러 가지 자형들이 체계 없이 뒤섞여 내려온 것이 당시 문자들의 현주소이므로 이들을 총체적으로 일컬어 고문이라고 부르는 것이다.

## (4) 전서, 또는 소전

무려 550여 년간이나 지속되던 춘추전국시기는 B.C. 221년에 진나라에 의해 마감되고 중국은 통일되었다. 주나라 봉건제도가 야기한 지방 분권의 폐해를 인식한 진시황은 통일 후 각종 제도의 통일에 착수했다. 그중에서도 가장 중요한 것이 이른바 "세상의 모든 책은 동일한 문자를 사용한다.(書同文.)"고 하는 문자 통일 정책이었다. 허신(許愼)의 《설문해자》에 의하면 당시의 승상이었던 이사(李斯)는 진나라 문자와 합치하지 않는 문자로 쓰인 책은 모두 파기했다고 기록했는데, 이것이 바로 그 유명한 분서(焚書) 사건이다.

그렇다면 진나라 문자란 무엇인가? 허신은 이것을 주문과 대전을 고쳐 만든 소전(小篆)이라고 기록했는데 이는 매우 일리 있는 견해이다.(《그림 9》) 왜냐하면 앞서 설명한 바와 같이 원래 문화가 낙후됐던 진나라는 견융을 물리쳐준 대가로 기산(岐山) 땅에 들어와 살았으므로 주나라 문자를 그대로 받아 썼을 테니 말이다. 아무튼 이 소전은 진나라의 공식적인 관방문자로 표방되었는데, 이는 대전과 주문의 자형을 약간 고치거나 간화(簡化)해서 만든 것으로 알려져왔다. 한대의 허신도 《설문해자》에서 소전을 표제자(標題字)로 삼고 그 필의(筆意)에서 기본적인 자의를 추적했다. 이것은 소전이 공식적인 관방문자로서 체계를 갖췄기 때문에 가능했던 것인데, 그래서 《설문해자》 이후부터 소전은 전

〈그림 9〉 소전

〈그림 9-1〉

서(篆書)로도 불리게 되었다.

전서의 '전(篆)' 자의 의미는 '아전 연(掾)' 자에서 유래한다. 즉, 관청에서 쓰는 글자라는 뜻이므로 전서는 곧 관서(官書)라는 의미가 된다. 위엄과 권위가 있는 관청에서 쓰는 글자이므로 오늘날에도 이 관습이 그대로 남아 내려와 〈그림 9-1〉과 같이 관인에 사용하는 글자들은 전서의 형태로 파는 것을 볼 수 있다. 설사 글자를 한글로 파더라도 말이다. 도장과 관련해 덧붙여 설명하자면, 동아시아 지역에서는 관인은 대개 사각 모양, 즉 방형(方形)으로, 사인(私印)은 원형으로 각각 만드는 것을 볼 수 있다. 전자를 방형으로 만드는 것은 관청은 공정하고 엄정해야 하므로 도장의 모양대로 '각지고 모나게(fair and square)' 업무를 처리한다는 의미가 담겨 있고, 후자는 개인들 간의 거래가 원만하게 이루어지기를 바란다는 의미에서 원형으로 만든 것이다.

### (5) 예서

앞서 설명했듯이 진나라는 지방 분권의 폐단을 반복하지 않기 위하여 군현제(郡縣制)라고 하는 강력한 중앙집권 제도를 시행했다. 그러다 보니 중앙정부의 업무가 과도하게 많아지는 또 다른 폐단이 생겨났다. 《사기(史記)》의 기록에 의하면 "전국의 시시콜

콜한 일까지도 황제에게 결재를 받아야 하므로 그 공문의 양은 돌을 저울추로 삼아 무게를 달 정도였다."니 그 폐해를 충분히 짐작할 수 있다. 이러한 시대적 상황은 문자개혁을 필연적으로 도래하게 하는데, 그 일은 진시황의 또 다른 과업에서 비롯된다. 즉, 그는 새로운 제국의 토대를 쌓고 안보를 확보하기 위하여 만리장성과 아방궁 등의 거대한 토목·건설 공사를 일으켰는데, 여기에는 백성들의 수많은 인력과 물자가 동원되었다. 이렇듯 무리한 대역사는 당연히 반란자와 탈주자 등 범법자들을 양산하게 되고 이어서 감옥을 넘치게 만든다. 따라서 옥사에 관한 일이 많아지고 옥리들은 과도한 업무에 시달리게 된다.

당시 이 과도한 업무를 더욱 어렵게 만든 것이 번잡한 글자인 전서로 기록하는 일이었다. 그래서 옥리들은 좀 더 신속하게 기록하기 위하여 자신들이 직접 간결한 모양으로 글자를 고안해 썼는데 이것이 바로 예서였다. '예(隷)' 자가 노예란 뜻이므로 예서는 죄수를 관리하던 사람들이 사용하던 글자라는 의미가 된다. 〈그림 10〉에서 보듯이 예서는 전서에 비해 획수가 간결할 뿐만 아니라 필획의 모양도 직선화가 많이

〈그림 10〉 예서

이루어져서 필사에 용이하다. 이렇게 간화된 예서는 곧 정부에 의해 공식 문자로 채택되어 널리 통용되었으니 이로써 진시황 시대에만 두 번의 문자개혁이 시행됐던 셈이다.

예서의 등장은 한자의 필의를 많이 생략하게 함으로써 자형 자체의 표의 기능과 한자의 이미지 성격을 현저하게 약화시키는 계기가 되었다. 한대에서는 예서를 금문(今文)이라고 불러 진나라 이전 시기의 고문과 구분 지었는데, 당시 금문경학에서는 이미 필의를 잃고 필세가 된 예서의 자형을 근거로 경전을 해석했으므로 고문의 필의로 해석한 고문경학과 훈고의 차이가 있을 수밖에 없었다. 그래서 두 학파 간의 경전에 대한 해석상의 다툼을 금고문 논쟁이라고 불렀던 것이다.

### (6) 해서

해서(楷書)는 '진서(眞書)' 또는 '정서(正書)'라고 부르기도 하는데, 간단히 말하자면 오늘날 우리가 사용하는 서체를 가리킨다. 이 서체는 필획이 곧고 형체가 방정하게 구성됐기 때문에 모든 한자 서사의 표준처럼 인식돼왔다. '해(楷)' 자도 기실 '본보기'라는 의미를 갖고 있다. 해서는 예서에서 발전된 것이므로 기본적으로 예서와 구별할 만한 특징은 거의 없다고 봐도 과언이 아니다. 단지 예서의 필획선은 약간의 파상(波狀)을 띠고 있는 데 비해 해서는 직상

64

모양이라는 점, 그리고 일부 편방(偏旁)에 간화가 진행됐다는 점, 그리고 자형의 전체적인 모양이 예서는 가로가 약간 긴 장방형인 데 비해서는 〈그림 11〉에서 보는 바와 같이 세로가 약간 긴 장방형이라는 점 등에 차이가 있을 뿐이다. 따라서 해서를 읽을 줄 아는 사람은 예서도 읽을 수 있다.

해서는 서한시기에 싹이 터서 지속적으로

〈그림 11〉 해서

발전해 동한 말과 위진시기에 본격적으로 통용되긴 했지만, 오늘날의 모양으로 완전히 자리 잡은 것은 당대(唐代) 서예가들의 작품 덕분이다. 서예가들의 노력에 의해서 해서는 옛날 예서의 흔적을 말끔히 버리고 균형 잡힌 예술성까지 구비하게 되었던 것이다.

해서는 전체적으로 네모난 모양을 하고 있으므로 중국인들은 한자를 '방괴자(方塊字)', 즉 블록문자라고도 부른다. 이 블록문자는 필획이 복잡한 듯 보여도 이를 분석하면 다음과 같은 여덟 가지 기본 필획으로 이루어져 있다.

① 丶 : 점, 또는 주인 주
② 一 : 한 일, 또는 가로 긋기
③ 丨 : 뚫을 곤, 또는 세로 긋기
④ 丿 : 삐침 별
⑤ 乀 : 파임 불
⑥ 亅 : (오른)갈고리 궐
⑦ 丨 : (왼)갈고리 궐
⑧ 一 : 횡절(橫截), 또는 가로 그어 아래로 꺾기

이 여덟 가지 기본 필획으로 블록글자를 구성하게 됨으로써 갑골문 이후 유지돼 내려오던 곡선 필획 위주의 상형(象形)적 면모를 상당 부분 떨쳐버릴 수 있었다.

## (7) 간체자

앞서 설명한 바와 같이 한자는 표의성이 강한 문자여서 필획의 의미, 즉 필의가 중요하게 취급되기는 하지만 일단 글자에 어음이 개입되어 자음이 만들어지면 필의의 의의는 약화되기 마련이다.

그래서 필획이 필의에서 필세의 방향으로 나아가게 되는데, 이것이 산번취간(刪繁就簡), 즉 번잡한 부분을 떼어버리고 간단한 쪽으로 나아간다는 문자의 발전 방향이다. 이것을 간화(簡化)라고 부르는데, 위에서 설명한 바, 갑골과 금문으로부터 고문과 전서를 거쳐 예서와 해서에 이르는 서체 발전은 바로 이러한 간화 원칙에서 이루어진 결과이다. 이러한 서체들은 관방의 차원에서 표준화 과정을 거친 일종의 간체자인 셈이다. 따라서 표준화 과정에서 배제된 글자들이 있었을 것이니, 전자를 정자(正字)라고 부르는 데 비해 후자는 속자(俗字)라고 불렀다. 이 속자들도 간체자이지만 단지 민간에서 만들어졌다는 이유 때문에 배제되었던 것이다. 그러므로 속자는 관방문자의 이면에서 언제나 존재해왔고, 한자 간화의 선도적 역할을 해온 것이 사실이며, 또한 이것이 간체자의 시발이기도 하다.

이를테면, 한대에서는 예서나 해서로 표준화하는 과정의 이면에 많은 간체자가 만들어졌는데, '수(壽)'를 '수(寿)'로, '맥(麥)'을 '맥(麦)'으로, '암(巖)'을 '암(岩)'으로, '준(準)'을 '준(准)'으로, '만(萬)'을 '만(万)'으로, '례(禮)'를 '례(礼)'로, '장(長)'을 '장(长)'으로, '손(孫)'을 '손(孙)'으로 쓴 것 등이 바로 그것이다. 당·송·원대를 거치면서 간체자의 수는 엄청나게 많아졌고, 태평천국의 난 시기에는 간체자를 합법적인 문자로 인정해서 광범위하게 사용했다. 특히 태평천국의 깃발에 '국' 자를 '囯'으로 쓴 것은 주목할 만하다.

1958년에 저우언라이(周恩來) 정부는 이른바 문자개혁의 3대 과제를 발표하게 되는데, 그중 첫째 단계가 한자를 간화하는 일이었다. 즉, 중국의 문자개혁은 궁극적으로 한자를 폐지하고 표음문자로 대체하는 것인데, 이는 시간을 요하는 작업이므로 그 전 단계로 한자를 간화해서 쓰는 것이었다. 그래서 1964년에 〈간화자총표(簡化字總表)〉를 반포해 모든 글쓰기를 여기에 맞춰 쓰도록 제도화했다.

간화 작업은 두 가지 측면에서 진행되었는데, 첫째는 한자의 자수를 간추려 제한하는 일이고, 둘째는 한자의 필획을 간화하는 일이다.

한자의 총수는 6만 자가 넘고 오늘날 평상시에 쓰는 글자도 5000자에서 8000자 사이가 될 만큼 많다. 이와 같이 방대한 수의 한자 중에서 상용자(常用字)를 정선해서 학습과 사용에 편리하게 해야 하는데, 그 주요 방법은 이체자와 별로 쓰지 않는 벽자(僻字)를 제거하는 것이다.

한자의 필획은 많은 것은 30~40획에 이르는 것도 있긴 하지만, 평균적인 필획은 대부분 10획에서 12획 사이이다. 원래의 필획을 모두 갖추고 있는 글자를 번체자(繁體字), 필획이 간화된 글자를 간체자(簡體字)라고 각각 부른다.(〈그림 12〉)

공식적인 한자의 간화 작업은 매우 일찍부터 시작되었는데, 1956년에 〈한자간화방안(漢子簡化方案)〉이 나왔고, 1964년에는

| | |
|---|---|
| 爲 — 为 | 車 — 车 |
| 樂 — 乐 | 齊 — 齐 |
| 書 — 书 | 興 — 兴 |
| 發 — 发 | 會 — 会 |
| 門 — 门 | 時 — 时 |
| 倫 — 伦 | 報 — 报 |

〈그림 12〉 간체자의 예

앞서 말한 〈간화자총표〉가 한자 간화의 규범으로 반포되었다. 이 표에는 2238개의 간체자와 2264개의 간화된 번체자가 수록돼 있는데, 이로써 한자의 필획은 대략 50퍼센트 정도로 감소되었다. 이를테면, '풍(豐)', '진(盡)', '변(邊)', '판(辦)' 등이 '풍(丰)', '진(尽)', '변(边)', '판(办)' 등으로 간화된 것은 시간과 힘을 많이 절약하게 했다.

그러나 이렇게 편리한 간체자도 시간이 지나면서 단점이 감지되고 있다. 이러한 시간과 힘의 절약은 어디까지나 번체자를 익히 알고 있는 사람들에게만 해당되는 일이기 때문이다. 새로이 한자를 익혀야 하는 신세대 학생들은 처음부터 간체자를 배워야 하므로, 간체자의 수만큼 배워야 할 한자의 수가 늘어난다는 말이다. 번체자로 쓴 중국 고전을 읽어야 할 중요성이 더욱 증대된 현대 청년들에게는 한자 학습의 부담이 더 늘어난 셈이다.

## (8) 초서

초서(草書)는 글씨를 신속히 쓰기 위해서 고안해낸 변형 서체로서 일종의 서사 습관에 속하는 것이므로 서체 발전 과정 중의 한 단계로 볼 수 없다. '초(草)' 자에는 '마구 자란 잡풀처럼 정리되지 않음'이란 뜻이 내포돼 있으므로 초서는 글자를 또박또박 쓰는 것이 아니라, 시간이 없어서 대강 알아볼 수 있을 만큼 주요 부분만 추려 쓰는 글자라는 뜻이 된다. 그러므로 예서시기부터 초서는 존재해왔다. 이것을 초례(草隷), 또는 급취(急就: 급히 써내려가다)라고 불렀다. 그러다가 동한 장제(章帝)시기에 와서 일종의 표

〈그림 13〉 장초

준화가 이루어지는데, 이것이 장초 (章草)이다. 장초는 〈그림 13〉에서 보는 바와 같이 예서를 급취 형태로 변형시킨 것이다.

동한 말에 이르러 장초는 위아래 글자가 서로 이어짐과 아울러 글자의 변과 방이 같은 음의 간략한 글자로 가차(假借)되기도 하는 이른바 금초 (今草)로 발전하는데, 이것이 바로 오늘날 우리가 초서라고 부르는 서체이다.(〈그림 13-1〉) 그리고 다시 당대에 와서는 초서가 더욱 방종해져서 글자를 알아볼 수 없을 정도로 휘갈겨 쓰는 광초(狂草)가 등장한다.(〈그림 14〉)

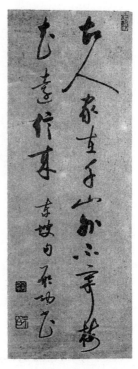

〈그림 13-1〉 금초

광초는 기실 실용적 기능을 수행하는 문자라기보다는 서사 예술로 보는 것이 타당할 것이다.

초서는 필획이 거칠기 때문에 흔히 해서를 흘려 쓴 것으로 생각하기 쉽지만 오히려 초서의 이러한 서사법이 한자의 간화에 크게 기여한 바가 있다. 즉, 초서는 신속하고 간편하게 쓰려다 보니 서사 효율이 높은 쪽으로 발달할 수밖에 없다. 그래서 복잡한 필획이 간단하게 변할 수 있어서 오늘날의 간체자에까지 이를 수 있었

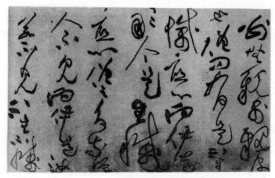

〈그림 14〉 광초

다. 또한 간화된 필세와 글자와 글자 사이를 필획을 떼지 않고 연결해서 쓰는 방법 등은 한자의 블록 형태를 타파해 글자체의 예술성을 높이는 데도 기여했다. 오늘날 컴퓨터 인쇄가 일반화되면서 인쇄 글자의 폰트(font)가 얼마나 중요한가를 상기한다면 서체의 예술적 가치를 충분히 짐작할 수 있을 것이다.

**(9) 행서**

해서는 읽기에는 명료하지만 쓰기에는 불편한 반면, 초서는 반대로 쓰기에는 편리하지만 읽기에는 어려운 단점이 있다. 이 두 가지 단점을 보완한 것이 행서(行書)이다. 〈그림 15〉에서 보는 바와 같이 행서는 초서처럼 거칠지 않고 해서처럼 단정하지 않아서 해서와 초서 사이에 끼어 있는 서체이다. 그래서 흔히 이 세 가지

서체를 구분해서 "초서는 날아가는 듯
하고, 해서는 서 있는 듯하며, 행서는
걸어가는 듯하다.(草書如飛, 楷書如立,
行書如行.)"라는 말로 비유하기도 하는
데 매우 적절한 변별이라 하겠다.

행서는 한대 말기부터 쓰인 것으로
알려져 있다. 행서는 서사 효율이 높고
변별력이 분명한 점 등 문자의 실용적
기능이 우수해 일상생활에서 손으로 글
을 쓰는 경우 거의 이 서체를 사용할 만
큼 보편성을 갖추고 있다.

〈그림 15〉 행서

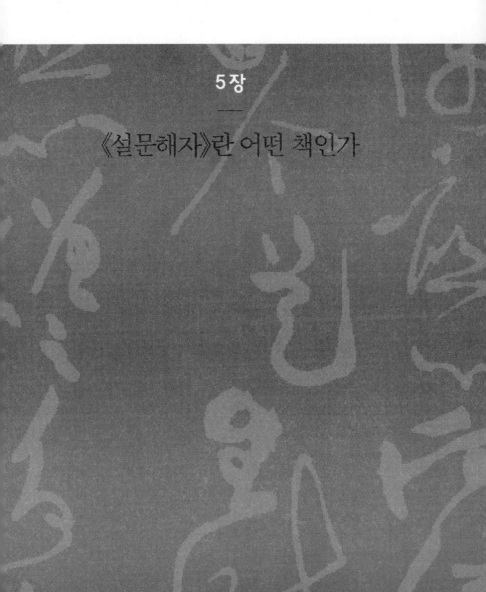

# 5장

《설문해자》란 어떤 책인가

우리는 모르는 한자를 알아보기 위해서 자전이나 옥편(玉篇)을 사용한다. 옥편이란 원래 남조(南朝) 제(齊)·량(梁) 간의 고야왕(顧野王: 519~581)이 《설문해자》(이하 《설문》)를 모방해 지은 문자서 이름으로서, 그 형태도 오늘날의 것과 완전히 달랐다. 그러나 수록된 글자 수가 많고 해설이 상세해 당대 이후 많은 사람들이 즐겨 찾다 보니까 자전의 대명사처럼 돼버린 것이다. 오늘날 우리가 흔히 옥편이라고 부르는 것은 기실 자전으로서 청대에 만들어진 《강희자전(康熙字典)》(1716)을 저본으로 해 간편하게 편집한 것이다. 즉, 《강희자전》은 총 4만 7035개의 글자를 214개의 부수(部首)로 나눈 후 필획 수에 따라서 배열해놓은 체제로 돼 있으므로, 우리가 자전에서 글자를 검색하고자 할 때에는 먼저 부수를 찾아간 후 부수를 제외한 나머지 필획 수에 해당하는 난 속에서 찾으면 된다. 이 부수라는 개념은 허신이 처음 고안하여《설문》편집에 활용한 것이다.《설문》은 이처럼 후대 문자 생활에 크게 영향을 미쳤는데, 이것은 결코 우연히 이루어진 게 아니라, 역대 권력의 끊임없는 이데올로기 생산 과정에서 산출된 결과이다. 따라서 한자가 중국을 어떻게 지배했는지 알기 위해서는《설문》의 성서(成書) 배경을 반드시 짚어볼 필요가 있다.

《설문》이전에도 자전 성격의 책이 없었던 것은 아니다. 진나라 때 문자통일 정책을 실시하면서 전서의 규범으로서 이사(李斯)의《창힐편(倉頡篇)》, 조고(趙高)의《원력편(爰歷篇)》, 호무경(胡毋敬)의《박학편(博學篇)》등을 편찬해 이것이 한대까지 전해 내려왔다. 그러나 이들 문자서는 우리가 보는《천자문》처럼 문자 학습을 위한 교본 같은 것이어서 자전으로서의 체계를 갖추지 못했다. 문자가 권력의 관심을 받기 시작한 것은 한 무제 때 동중서(董仲舒: B.C. 197~B.C. 104)가 등장하면서부터이다. 신흥 지주 계급의 세력을 등에 업고 정권을 수립한 한대 정권은 고조(高祖) 유방(劉邦)이 평민 출신이어서 구귀족세력의 반란이 끊이지 않고 일어나는 등 정통성 문제로 고심해오고 있었다. 동중서는 이 문제를 해결하기 위하여 새로운 이데올로기를 창출해냈는데, 그 대표적인 것이 오행설(五行說)과 삼통설(三統說)이다. 이들은 모두 한대의 정권이 우연히 세워진 것이 아니라 이미 오래 전부터 천명(天命)으로 예정돼 있었음을 설명하기 위한 담론이었다. 동중서는 이러한 담론을 정론으로 굳히기 위해 경서의 구절들에 의거했는데, 이 구절들이 동원될 수 있었던 것은 해석[당시는 이것을 훈고(訓詁)라고 불렀음]이라는 작업을 거쳤기에 가능했다. 그 대표적인 예가 《춘추》 경문의 첫 문장인 "원년춘왕정월(元年春王正月)"에 대한 해석이다. 이는 주력(周曆)에 의거하여 단순하게 연월일을 기록한 것인데도 동중서는 다음과 같이 확대 해석한다.

> 신이 《춘추》의 문장을 삼가 고찰해보니, 왕도의 단서를 구하는 일은 '올바름[正]'에서 얻을 수 있습니다. '올바름'은 '천자'의 다음이요, '천자'는 '봄[春]'의 다음입니다. '봄'은 하늘이 작위하는 바요, '올바름'은 천자가 작위하는 바입니다. 이것이 뜻하는 바는 "위로는 하늘의 작위하는 바를 계승하고, 아래로는 천자가 작위하는 바를 바로잡음으로써 왕도의 단서를 바로잡는다."라는 말일 뿐입니다.
>
> (臣謹案春秋之文, 求王道之端, 得之於正. 正次王, 王次春. 春者天之所爲也, 正者王之所爲也. 其意曰: 上承天之所謂, 而下以正其所爲, 王道之端云爾.)*
>
> 《한서(漢書)》〈동중서전(董仲舒傳)〉

단순한 기일(紀日)의 문장에서 천자는 땅의 질서를 바로잡기 위해서 하늘로부터 권력을 위임받았다는 내용을 해석해낸 것이 바로 훈고 작업이다. 한대의 경전해석학(간단히 경학이라고도 부름)

〈그림 16〉 수문석의 훈고의 예

은 이러한 역사적 배경에서 발달했던 것인데, 이러한 훈고는 서한 경학의 주요 내용이었다.● 이러한 훈고는 경서의 구절에 따라서 부분적으로 이루어졌으므로 이른바 '수문석의(隨文釋義)', 즉 구절의 문맥에 맞춰 현상적으로 의미를 해석하는 훈고의 형식이 등장하게 되었다. 〈그림 16〉에서 보는 바와 같이 본문의 구절마다 일일이 뒤에 해설을 붙이는 주석 형태의 책은 모두 이에 해당한다.

경문(經文)의 문맥에 맞춰서 해석하는 방식은 해석자의 의도에 따라 자유롭게 해석할 수 있는 여지가 있으므로 앞서의 예에서 보았듯이 견강부회의 위험성이 늘 상존한다. 그래서 한 왕조의 수명

● 이에 관해서는 김근, 《한자는 중국을 어떻게 지배했는가》(서울: 민음사, 1999)를 참조 바람.

(受命)이 일찍부터 예정돼 있었다는 것을 주입시키기 위하여 권력을 신화적으로 부풀리고 또 성스럽게 만들었다. 이러한 이데올로기 작업은 경학자들 간에 경쟁적으로 이루어져서 급기야는 종교적인 예언으로까지 발전하게 되는데, 그것이 바로 참위설(讖緯說)이다. 참위설은 양날을 가진 칼과 같아서 정권을 신성한 것으로 만들어주기도 하지만, 정적들에게 이용당하면 반대로 정권이 위태로워지기도 한다.

헤겔(Georg Wilhelm Friedrich Hegel)의 역설에 의하면 종교적으로 극단까지 발전하면 종국에는 이성을 만나게 된다고 한다. 한대의 경학도 종교적으로 발전해 나갔을 때 이성적인 학문 경향과 조우하게 되는데 그것이 바로 고문경학이었다. 고문경학은 그 이전의 경학(고문경학의 출현 이후 이는 금문경학으로 불리게 됐다)과는 달리 문맥상의 현상적 의미를 지양하고 글자가 갖는 고유한 의미를 귀납하는 데 심혈을 기울였다. 예를 들면《설문》에 다음과 같은 자해(字解)가 있다.

'철(輟)' 자는 수레에 작은 결함이 생겨서 다시 맞춘다는 뜻이다. (輟, 車小缺復合者.)

'철(輟)' 자가 실제 문장 속에서는 여러 가지 의미로 쓰일 수가 있지만 그 모든 의미들을 귀납해서 의미의 한계를 규정하면, "수

레가 가다가 중도에 가벼운 결함이 생겨서 수리를 한 후 다시 계속 나아간다."는 뜻이 된다. 그래서 '철' 자에 '중단하다'라는 뜻이 생기게 된 것이다. 이를테면, 《논어》〈미자(微子)편〉의 "고무래질을 계속하며 그치지 않았다.(耦而不輟.)"라는 말은 장저(長沮)와 걸닉(桀溺)이 줄곧 밭에서 밭을 일구기만 했지 공자가 나루터를 묻는 말에는 대답하지 않았다는 뜻이다. 또《예기(禮記)》의 "조회를 잠시 중단하고 돌이켜 보다.(輟朝而顧.)"에서 '철조(輟朝)'라는 말은 잠시 휴회한다는 말이지 조회를 완전히 파했다는 뜻이 아니다.

이렇듯 자의(字義)가 귀납적 과정을 통해 사전적 의미를 갖게 되면 문맥에 맞춰 자의적으로 부풀리는 신화적 훈고가 힘들어진다. 그래서 앞서의 '수문석의'의 훈고 형식을 대체한 고문경학의 형식이 나타났는데 그것이 '통석어의(通釋語義)', 즉 글자의 개괄적 어의를 규정하는 훈고 형식이다. 이 형식이 처음 저술로 모습을 드러낸 것이 바로《설문》이다.

《설문》은 동한의 허신(許愼: 57~147)이 저술한 문자서로서 모두 9353자에 대한 자해를 수록하고 있다. 특히 자형에 근거해 자의를 체계적으로 분석하고, 글자들을 부수(部首)에 따라 분류, 배열한 것은 매우 독창적이다. 《설문》은 학술적으로나 문화적으로 중국 사회에 영향을 끼친 바가 크지만 무엇보다 중요한 것은 부수의 발명이다. 부수의 발명은 겉으로 보면 자전의 발전에만 국한되는 듯 보이지만 여기에는 그리 간단치 않은 구조와 배경이 숨어 있다. 즉, 금문경학과 고문경학이 경서의 해석을 놓고 우열 경쟁을 벌인 것은 궁극적으로 지배 이데올로기에 관한 논쟁이자 나아가 권력투쟁이었다는 점을 상기해야 한다. 다시 말해서 한대 초기에 는 신화적 해석이 먹혀들어 금문경학이 왕권 확립에 기여했지만 도가 지나치면서 그 효력이 한계에 다다르자 이번에는 합리성을 갖춘 담론이 필요하게 되었고, 이러한 수요에 부응한 학술이 고문 경학이었던 것이다. 그러나 담론이 아무리 합리적이라 하더라도 왕권의 헤게모니를 입증하는 기능을 포기하고서는 존재가치를 부 여받지 못한다. 이런 관점에서 보지 않고서는 당시의 정권이 왜 문 자학이라는 학술에 그렇게 많이 투자했는지 이해할 길이 없다.

그렇다면《설문》의 부수와 문자 배열법이 어떻게 이데올로기적 기능을 수행하는가? 이를 이해하기 위해서는 다시 중국 고대의 명학(名學)에 대해 잠시 알아볼 필요가 있다.

고대 중국에는 언어학은 없었어도 대신에 명학이란 게 있었다. 명학이란 글자 그대로 이름에 관하여 탐구하는 학술이다. 명에 관 해서는 공자를 비롯한 묵자(墨子), 장자(莊子), 관자(管子), 순자(荀 子) 등 제자백가들이 비교적 상세히 언급한 바 있고 심지어는 혜 시(惠施), 공손룡(公孫龍) 등과 같이 명에 관해서 집중적으로 탐구 하고 토론한 명가(名家)도 있었으며,《이아(爾雅)》와 같은 명 사전 도 있었다. 이처럼 고대 중국에서 명을 중요하게 생각했던 것은 명이란 곧 사물의 표상(representation)이기 때문이다. 앞에서 설명한 바와 같이 표상은 권력행위이다. 즉, 명이 표상하고자 하는 사물(또는 대상)을 당시에는 '실(實)'이라고 불렀는데, 이 '실'이란 기실 무엇이라고 규정할 수 없는 카오스적인 것이어서 여기에 어떤 이름을 붙여 개념을 규정하거나 이미지를 각인시킨다면 사물의 속성이 고정된다. "언어가 사물을 창조한다."는 말은 여기에 근거한다. 그러므로 사물의 창조는 언어의 질서를 따르기 마련인데 이것이 사물의 질서이다. 그러니까 명을 장악하는 것은 권력을 장악하는 일이 된다. 춘추전국시기의 제자백가들이 명(또는 명분)과 언어에 집착한 이유가 여기에 있었던 것이다.

언어에 따라서 사물의 질서가 만들어진다면 명은 일종의 세계를 설명하는 논리학이 된다. 《장자(莊子)》〈천하(天下)편〉에 보면 "《춘추》는 이로써 명분을 말하기 위한 것이다.(春秋以道名分.)"란 구절이 있다. 《춘추》는 잘 알려져 있다시피 편년체의 역사 기록이다. 즉, 일관된 역사 철학을 가진 한 사람에 의해서 기록된 것이 아니므로 기록 자체는 카오스적 상태, 즉 의미 중립적인 상태에 있었다. 이 기록이라는 명을 어떻게 일관되게 합리적으로 해석하느냐에 따라서 거기서 의미화된 논리 체계가 나오게 되는데, 이것이 명분이자 윤리가 되는 것이다. 그러므로 여기에는 철학이 개입된다. 이를테면, 한대에 출간된 《춘추공양전》은 철학에 기초한 명분, 즉 창조된 질서 중의 하나가 된다. 권력은 이 명분을 근거로 체제를 구성하는데, 체제는 절대로 흔들리지 않는 틀로 서야 한다. 그래서 명분을 형이상학적 질서로 굳히는 작업에 들어가는데, 동중서의 《춘추번로(春秋繁露)》는 바로 《춘추공양전》의 명분을 형이상학화하기 위해 지어진 책이다.

명을 매개로 하여 사물의 질서를 세우기 위해서는 언어적인 틀을 집중적으로 연구해야 하는데, 이러한 학술을 고대에는 형명학(形名學)이라고 불렀다. 이는 그전까지는 주나라의 예치(禮治)*를 유일한 질서로 알고 있다가 춘추시기에 들어서면서부터 예치의 모순이 드러나기 시작하였고, 이로부터 예라는 질서가 유일한 것이 아님을 인식하게 되었다는 뜻이 된다. 그래서 당시의 사상가들은 형명에 지대한 관심을 갖게 되었으니, 그들이 궁극적으로 성취하려 했던 것은 혼란스럽고 모순된 현실을 조리 있게 하나로 엮을 수 있는 논리적인 질서의 틀을 만들어내는 일이었다.

이처럼 중국은 매우 일찍부터 통일적인 세계를 구성하고 또 유지하려는 노력을 끊임없이 이어왔다. 중국이 이렇게 이데올로기가 발달한 이유는 앞서 설명한 바대로 광활한 대륙이라는 환경적 요소가 가장 중요하게 작용했지만, 소통의 도구로 한자를 사용했다는 점에서도 기인한다. 즉, 사물에 명을 붙일 때 그 속성을 규정하거나 이미지를 각인시킬 때 한자의 속성을 활용하기 때문에 형

---

● 공자는 주나라의 예를 주공(周公)이 정비한 것으로 보았으며, 자신은 이를 다시 쓴 것에 지나지 않다고 말한 바 있다. 《논어》 〈술이(述而)편〉의 '술이부작(述而不作)'은 바로 이를 가리킨다.

이상학적으로 사물을 고착시키기가 용이하다는 말이다. 이에 관해서는 뒤에 가서 좀 더 상세히 다룰 것이다.

이렇듯 사물의 속성을 해설하는 이른바 명물훈고가 발달한 데는, 명학이라는 학술적 배경이 크게 작용했다. 그리고 이 명물훈고의 방법은 오늘날처럼 사전적으로 정의하는 것이 아닌 분류의 방식이었다.

이 분류법이라는 것은 《이아》에서처럼 유사한 단어들을 한데 모음으로써 개념의 범위를 한정하는 것이었다. 《이아》의 다음 구절을 보자.

> 새 잡는 그물은 '라(羅)', 토끼 잡는 그물은 '저(罝)', 고라니 잡는 그물은 '모(罞)', ……물고기 잡는 그물은 '고(罛)'라고 각각 부른다.
>
> (鳥罟謂之羅, 兔罟謂之罝, 麋鹿罟謂之罞, ……魚罟謂之罛.)
>
> 〈석기(釋器)편〉

> 물 가운데 사람이 살 수 있는 곳을 '주(洲)', 작은 '주'를 '저(渚)', 작은 '저'를 '지(沚)', 작은 '지'를 '지(坁)', 인공적으로 만든 섬을 '휼(潏)'이라고 각각 부른다.
>
> (水中可居者曰洲, 小洲曰渚, 小渚曰沚, 小沚曰坁, 人所爲曰潏.)
>
> 〈석수(釋水)편〉

《이아》〈석기편〉은 사람들이 일상생활에 쓰는 그릇과 도구 등을 한데 모아 용도와 기능 별로 변별적으로 간략히 설명한 부분인데, 위의 구절은 그물의 종류를 용도별로 구분해놓았다. 〈석수편〉은 물에 관련된 사물들을 한데 분류해 역시 변별적으로 구분했는데, 위의 구절은 강에 있는 섬을 가리키는 단어들을 변별하고 있다. 이러한 구분은 《순자(荀子)》를 비롯한 전국시기 제자백가들이 고안해낸 류개념(類槪念)에 상당 부분 빚지고 있는데 이는 바로 전통적인 명물훈고의 산물이다.

위의 예에서 보듯이 같은 분류 내에 있는 사물들의 명(한자)은 공통적으로 동일한 변〔偏〕을 갖고 있다. 즉, 그릇〔器〕의 경우에는 '그물 망(网, 罒)'을, 물〔水〕의 경우에는 '물 수(水)'를 각각 변으로 하고 있음을 알 수 있다. 여기서 허신은 자연스럽게 같은 편방(偏旁)을 부수의 개념으로 보게 되었고, 《설문》을 편집할 때 이 부수에 근거해 글자들을 배열하게 되었는데, 이것을 편방편자법(偏旁編字法)이라고 부른다.

허신은 이러한 부수를 모두 540개로 세우고 약 9500글자를 각각 어느 하나의 부수 아래로 귀속시켰다. 그리고 여기서 더 나아가 부수와 부수를 연상적 의미를 매개로 연결했다. 그 일부 예를 보면 다음과 같다.

《설문》의 부수 배열은 '하나 일(一)'에서 시작하여 '위 상(上)', '보일 시(示)', '석 삼(三)', '임금 왕(王)', '구슬 옥(玉)', '쌍옥 각

〈그림 17〉 《설문해자》의 부수 배열

(珏)', '기운 기(氣)', '선비 사(士)', '뚫을 곤(丨)' 등으로 이어져간다.(〈그림 17〉) 이러한 부수의 연결은 마치 단어의 마지막 음절 이어가기 놀이처럼 연상적으로 이어진다. 즉, '일(一)' 자는 천지를 비롯한 모든 사물의 시초를 상징한다. 여기서 처음으로 분화되는 것이 '상(上)' 자인데, 이는 분화가 높은 곳에서부터 아래로 진행돼 내려간다는 뜻과 함께 글자가 전서체로 '二' 모양을 하고 있어 '一'로부터의 분화를 상징하기 때문이다. '위[二]'는 곧 하늘이니, 하늘은 세 개의 빛을 내려서 인간에게 길을 보여주는데, 이것이 '시(示)' 자이다. 이것은 '시(示)' 자를 '상(二)' 자 아래로 세 줄기의 빛(川)을 비추는 모양으로 형상화한 것으로 해석했기 때문이다. 하늘로부터 내려오는 세 줄기 빛으로부터 '삼(三)' 자를 연결하였고, '삼(三)' 자는 다시 '왕(王)'으로 이어진다. 왜냐하면 임금이란 천(天), 지(地), 인(人) 셋을 꿰뚫어야 하는 사람이기 때문이다. '왕(王)' 자는 이와 비슷한 자형이면서 귀한 보석인 '옥(玉)' 자로 이어지며, 이는 다시 두 개의 똑같은 쌍둥이 옥을 의미하는 '각(珏)' 자로 연결된다. 다음은 약간 엉뚱하게도 '기(氣)' 자로 이어

지는데, 이는 '기(氣)' 자의 전서체인 '气'를 마치 '삼(三)' 자를 변형시킨 모양으로 보았기 때문에 가능했다. 그러니까 이 부분은 직접 연결된 게 아니라 저 앞쪽에서 연결됐음을 알 수 있다. 이런 식의 가지치기는 전체 540부수의 연쇄에서 종종 보인다. 기운은 곧 기개를 뜻하므로 기개 있는 선비인 '사(士)' 자가 오게 된다. '사(士)' 자는 '하나 일(一)' 자와 '열 십(十)'으로 이루어진 글자이므로 선비는 하나에서 열까지 임금을 위해 섬기는 자가 된다. 따라서 그는 모든 것을 꿰뚫고 있어야 한다. 그러므로 다음 부수에 '곤(丨)' 자가 오는 것이다.

이전 논리에 의거해서 540부수들이 연쇄돼 있는데, 이 연쇄는 끝에 가서 십간십이지(十干十二支)로 종결된다. 그래서 마지막 글자가 '돼지 해(亥)'가 되는데, 십이지(十二支)는 다시 처음으로 돌아가서 반복하는 논리이다. 따라서 '해(亥)' 자는 처음의 글자인 '일(一)'로 돌아간다. 이렇게 함으로써 540부수는 전체적으로 폐쇄된 하나의 큰 고리를 구성한다.

부수뿐만 아니라 부수 내의 글자 배열도 이런 논리에 따라 이루어졌다. 이를테면, '시(示)' 부수 아래의 글자는 '복 호(祜)'로부터 시작하는데, 이 글자는 한 왕조 조상 중 한 사람인 공종(恭宗)의 이름이므로 가장 앞에 두었다. 그 다음에 '례(禮)' 자를 두었는데, 이는 이 글자가 조상신에게 복을 비는 행위를 의미하기 때문이다. 복이란 진심이 있어야 받는 것이므로 '복 받을 진(禛)' 자가 이어졌고, 이어서 받은 복을 뜻하는 '복 록(祿)' 자를 배열했다.

　이런 식으로 부수와 글자를 배열한 것이 앞서 말한 바 편방편자법이다. 이렇게 글자들을 편집, 배열하면《설문》전체에 수록된 약 9500자가 하나도 빠짐없이 하나의 틀로 조직되는 효과가 생긴다. 부수의 발명과 편방편자법의 이데올로기적 의의는 바로 여기서 찾을 수 있다. 즉, 한자에 있어서 하나의 글자는 하나의 사물을 가리킨다. 그러므로 모든 한자들을 하나의 틀로 조직했다는 것은 모든 사물에 질서를 부여해서 하나의 형이상학적인 틀 속에 넣었다는 뜻이 된다. 이 틀은 누군가에 의해 관리되고 다스려져야 하는데, 그 임무를 황제가 하늘로부터 위임받았다고 한다면 황제의 권위와 정통성은 저절로 입증된다. 이것이 금문경학의 뒤를 이어 고문경학이 개발한 통치 이데올로기인 것이다. 이 책은 바로 이러한 사물의 조직이 어떻게 가능했는지를 밝히기 위해 썼다.

　참고로 오늘날의 자전에서 부수는《설문》의 형식이 아니라 부수의 획수에 따라 올림차순으로 배열돼 있는데, 이는 청대《강희자전(康熙字典)》에서 비롯된 것이다.

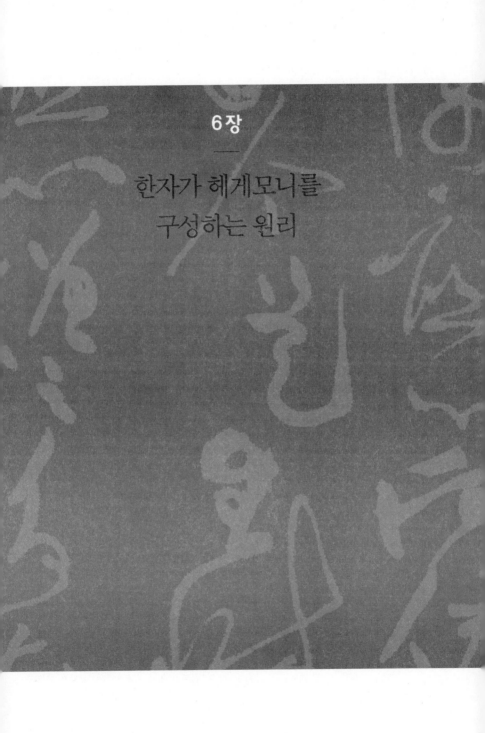

# 6장

## 한자가 헤게모니를
## 구성하는 원리

한자는 기본적으로 한어를 표기하는 문자로
서의 기능을 수행해왔다. 여기다 한자는 태생적인 속성으로 인하
여 다른 문자에서는 발견하기 힘든 두 가지 색다른 기능을 발휘하
는데, 이 기능은 본서에서 말하고자 하는 한자와 이데올로기의 관
계에서 매우 중요하게 작용한다. 그 두 가지 기능 중 하나가 표의
기능이고, 다른 하나가 문자 이미지에 의한 관념의 형성 기능이다.

## (1) 표의 기능

앞서 말한 바와 같이 한자는 단어(word)를 표기하는 표어(表
語)문자이다. 따라서 단어의 의미뿐만 아니라 발음까지도 표기한
다. 그런데 여기서 우리가 주의해야 할 점은 의미란 어떤 고정된
영역을 가진 것이 아니라는 사실이다. 즉, 의미란 기표들을 어떻

게 배치하느냐, 다시 말해서 연쇄시키느냐에 따라 수시로 달라진다. 뿐만 아니라 기표 연쇄가 일어나는 순간 의미는 나타났다가 금세 사라져 버리기까지 하는 무정형의 감각적 인식이다. 이에 관해서 라캉(Jacques Lacan)은 기발한 아이디어로 설명한 적이 있는데, 이를 잠시 소개하고자 한다.

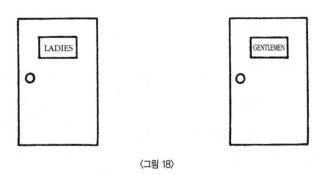

〈그림 18〉

만일 어느 곳에든 'gentlemen'이라고만 써놓으면 그것은 단순히 '신사(들)'라는 뜻이 될 것이다. 그렇지만 〈그림 18〉에서와 같이 그 옆에 'ladies'를 나란히 놓으면 그것은 '신사용 화장실'이란 뜻으로 바뀐다. 영어사전에서 'gentlemen'을 아무리 찾아봐도 '신사용 화장실'이란 뜻은 보이지 않는다. 이것은 'gentlemen'이라는 기표 옆에 'ladies'라는 기표가 연쇄돼 있음으로 인해서 생성된 의미이다. 이로써 의미란 고정돼 있는 것이 아니라 기표들의 조직을 통해서 잠깐 인식 상에 드러났다가 사라지는 것이라는 사실을 여실히 입증할 수 있다. 그래서 라캉은 의미를 기표 효과(signifier effect)라고 불렀다. 효과라는 말 자체가 실제가 아니라 환상이라는 의미 아니던가. 마치 라디오 드라마에서 들리는 각종 음향효과처럼 말이다.

이렇게 효과로서 생성된 의미는 각 언어에 따라서, 또는 같은 언어라면 글쓰기(용도)에 따라서 명쾌하게 개념화된 형태로 쓰이든가, 아니면 모호한 이미지의 형태로 소통에 사용된다. 영어, 프랑스어, 독일어 등과 같은 유럽 언어는 의미를 개념화해서 소통하는 속성이 강하다. 이를테면, 의미가 개념화되려면 먼저 주체가 명확해야 한다. 그래서 문장에 주어가 반드시 있어야 하고 이에 따라 술어에 충당되는 동사, 형용사 등의 시제와 수를 표시하는 형태가 정해진다. 이처럼 문장 성분들 간의 시제와 수 등이 서로 일치하지 않으면 하나의 문장이 성립하지 않을 만큼, 의미의 한계가 분명하게 정의되는 것이 유럽 언어들의 속성이다. 반면에 중국어(한어)는 시제도 단일하고 복수, 단수 개념도 없으며 동사, 형용사의 형태 변화도 없어서 주어가 문장에 없어도 문장이 성립한다. 이것은 단어를 고립적으로 사용할 수 있기 때문에 가능한 것인데, 이는 중국어의 단어가 이미지에 의거해서 의미를 생성한다는 사실을 암시한다. 이때의 이미지는 물론 청각이미지를 뜻한다. 이미지에 의한 의미는 개념적 의미에 비해 모호하긴 하지만 의미에 한계가 지어진 것이 아니므로 무한한 상상력을 유발시키는 데에 유리한 측면이 있다.

한편 같은 언어 안에서는 글쓰기(용도)에 따라서 의미의 형태가 달라진다. 이를테면, 논리적이고 과학적인 글쓰기에서는 의미가 명확해야 하므로 개념화된 의미가 유용하다. 카오스의 상태로부터 논리성에 근거해서 의미를 만들어낸 것이므로 주체에게 인식론적으로 영향을 끼친다. 이에 비해 시·산문과 같은 문학적 글쓰기에서는 상상력이 중요하므로 이미지에 의한 의미화가 유용하다. 이미지에 의한 의미화는, 그로 인해 생성되는 의미가 모호하기는 하지만 존재론적이기 때문에 소통상의 소외가 적어지는 장점이 있다. 이처럼 두 가지 의미화의 형태는 각기 장단점이 있는 것일 뿐, 우열관계에 있는 것은 아니다.

이미지의 의미화는 기표의 두 측면에서 만들어지는데, 중국어의 경우 하나는 청각이미지이고 다른 하나는 시각이미지이다. 청각이미지는 기실 중국어뿐 아니라 모든 언어에서 의미 생성의 매개로 기능한다. 즉, 소리를 매개로 하지 않는 언어는 세상에 하나도 없다는 말이다. 그런데 소리가 소통의 매개가 되기 위해서는 음소가 통일돼야 한다는 전제가 필요하다. 우리가 외국어를 듣고 이해하지 못하는 근본 원인은 음소가 전혀 다르기 때문이다. 같은 언어 안에서도 음소가 통일돼 있지 않으면 소통에 어려움을 느끼게 되는데 이것이 바로 방언 분기의 개념이다.

중국은 지역이 광활해서 음소를 통일된 상태로 유지하기가 곤란하여 방언의 분기가 발달할 수밖에 없었다. 언어학자 자오위안런(趙元任)이 〈나의 언어자서전〉*에서 기술한 바에 의하면 중국에서 분기가 가장 극심한 방언은 환남(皖南) 방언인데, 이 방언구는 겨우 30마일(54킬로미터)밖에 안 떨어져 있는 사람들끼리 언어 소통이 곤란했다고 한다. 따라서 중국 경내의 한쪽 끝에서 다른 쪽 끝으로 가면 거의 외국어 수준으로 소통이 되지 않는 경우가 더러 있는 것도 사실이다. 그렇게 의사소통이 이뤄지지 않을 정도로 언어에 차이가 있는데도 불구하고 중국은 반만 년 이상의 역사를 통일 국가체제로 유지해왔다. 이 책의 앞머리에서 설명한 바와 같이 언어가 다르면 사회도 분화, 또는 분열되는 것이 당연한 이치인데도 말이다. 이 힘의 원천을 중국인들은 한자로 보고 있는데, 이는 근거 있는 주장일까? 결론부터 말하자면 한자의 속성을 분석해보면 충분히 근거가 있는 주장이라고 판단된다.

즉, 이러한 언어의 한계를 보완한 것이 문자(한자)이다. 한자는 의미를 시각이미지의 형태로 표기하였기 때문에 음소는 다르더라도 의미는 모호하나마 공유할 수 있었던 것이다. 게다가 이미지는 표상하려는 대상과의 유사성, 즉 동기(motive)가 높아서 의미의 분기를 크게 일으키지 않으므로 의미를 보편적인 범주로 공유하

---

● 이 글은 《중국어문학(6집)》(영남중국어문학회, 1983) 315~340쪽에 걸쳐 게재돼 있다. 중국 방언 학습에 관한 에세이인데, 읽어볼 만한 글이다.

는 데 유리하다. 예를 들면, 앞에서 예로 든 '효(孝)' 자의 자형은 동아시아 지역의 효 사상의 근본관념을 형성했고, '중(中)' 자는 중용의 관념을 형상화해 그 형상대로 행위하게 만들었다. 그래서 우리는 가능한 한 인간관계에서 중간에 머물면서 한쪽으로 튀거나 치우치지 않으려 한다. 역사를 보더라도 극단적인 발전을 회피하려 하므로 동아시아에서는 혁명다운 혁명도 찾아보기 힘들지만 유토피아도 바라보려 하지 않았음을 발견할 수 있는데, 이는 바로 '중' 자가 생성하는 관념에 기초한 것으로 보아도 무방하다. 이것이 바로 한자의 표의성이다.

중국인들은 보편적 범주를 공유하는 데 유리한 이 표의 기능으로, 글로 묻고 글로 답하는 이른바 필문필답(筆問筆答)의 소통 방법을 고안해냈다. 이 방법은 중국 경내뿐 아니라 한국, 일본 등 동아시아 역내에서도 활용이 가능할 정도로 엄청난 국제성을 가졌다. 이러한 소통 방법은 앞서 언급한 한자의 표의성뿐 아니라, 좀 더 근본적으로는 중국어의 고립성에서 기인한다. 하나의 문장이 성립되기 위해서 형태 변화, 시제, 수 등의 문법적 요소들이 논리적으로 일치해야 할 필요가 없기 때문에 한국식이나 일본식의 문법이 다소 개입되어도 보편적 범주의 의미 파악에는 지장이 없는 것이다. 그러므로 중국어(또는 한문)에는 사실상 문법이 없다고 해도 크게 틀린 말은 아니다.(문법은 기실 유럽 언어에서 나온 개념이다.)

이 표의성이 세계와 대상들을 보편적으로 창조하는 데 기여했으므로 중국은 통일 체제를 유지해올 수 있었던 것이다. 오늘날 인터넷에서 아이콘, 이모티콘, 로고 등과 같은 이미지들이 국경을 넘어 돌아다니며 의미를 공유시키는 현상을 통해서 우리는 논리성의 정화인 컴퓨터가 궁극적으로 비논리적인 이미지의 도구에 지나지 않는다는 아이러니를 발견할 수 있다. 이는 또한 한자가 갖는 표의성의 힘이 얼마나 큰 것인지를 여실히 입증하는 예이기도 하다. 논리성을 극도로 추구하다 보면 종극에는 비논리를 만나게 된다는 헤겔의 역설이 여기서도 증명된다.

## (2) 관념을 형성하는 기능

앞서 설명한 바와 같이 넓은 대륙을 통치하기 위해서 그들은 이치라는 것을 고안해냈다. 이 이치를 '리(理)'라고 불렀는데, 쉽게 풀어 말하자면 세계를 구성하는 원리이자, 아울러 살아가기 위해서는 반드시 따라야만 하는 질서라고 정의할 수 있다. 그래서 그들은 이치를 먼저 인정한 다음 그에 따라 실천하는 문화 패턴을 형성했다. 여기서 '인정'이란 기실 믿음을 뜻한다. 그 실례를 들어보기로 하자.

잘 알려져 있다시피 《주역(周易)》은 중국인들이 실천의 근거로 삼는 대표적인 '이치'를 담은 텍스트이다. 《주역》의 원리는 이른바 팔괘(八卦)의 조합으로써 변화의 패턴을 만들어 놓고 사건의 추이

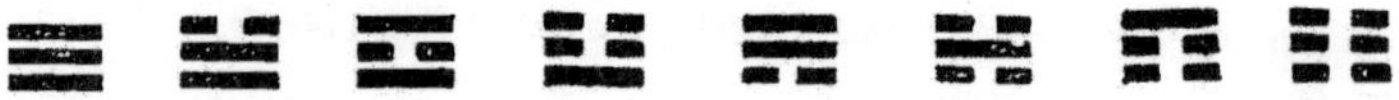

건(乾)　태(兌)　리(離)　진(震)　손(巽)　감(坎)　간(艮)　곤(坤)

〈그림 19〉 팔괘

를 이 패턴에 맞춰 연역적으로 해석해서 예측하는 것이다. 팔괘란 사물의 변화 요소를 하늘, 늪, 불, 우레, 바람, 물, 산, 땅 등으로 선정한 후, 각 요소의 속성을 추상화해서 건(乾), 태(兌), 리(離), 진(震), 손(巽), 감(坎), 간(艮), 곤(坤) 등 여덟 개의 괘로 상징한 기호 체계이다.(〈그림 19〉) 변화란 처음과 끝의 시간적 차이를 뜻하므로 하나의 변화 패턴을 이루기 위해서는 두 개의 괘가 필요하다. 그래서 여덟 개의 괘를 둘씩 조합하면 모두 64개의 괘 패턴이 나온다. 각 패턴에 추상적인 해석을 가해 이로써 미래의 행위와 실천에 근거를 삼는 것이 바로 관념적 이치가 현실을 연역적으로 만들어내고 지배하는 문화적 형태인 것이다.

　이를테면, 함(咸)괘는 위는 태괘로, 아래는 간괘로 구성돼 있다.(〈그림 20〉) 태괘는 늪(또는 못)의 상(象)으로서 가족관계에서 보자면 셋째 딸에 해당한다. 간괘는 산의 상으로서 셋째 아들에 해

〈그림 20〉 함(咸)괘

당한다. '함(咸)' 자는 '느낄 감(感)' 자와 의미가 통한다. 즉, 산 위에 못이 있는 형상이면 못의 물이 산의 숲을 길러주고 산의 숲은 다시 못에 물을 대줌으로써 상호 감수성이

100

좋은 관계가 된다. 이런 관계에서는 좋은 변화가 예상되므로 길한 괘로 해석한다. 따라서 일상생활에서 셋째 딸과 셋째 아들은 선도 안 보고 결혼시킨다는 속담이 생겨난 것이다.

〈그림 21〉 손(損)괘

반면에 손(損)괘는 함괘와는 반대로 위는 간괘로, 아래는 태괘로 구성돼 있다.(〈그림 21〉) 이 괘는 산이 위에 있고 못이 아래에 있으므로 높아만 가는 산꼭대기와 깊어만 가는 못 바닥의 형상이다. 따라서 이 사이의 관계는 막내딸의 공주병과 막내아들의 왕자병 사이의 골 깊은 갈등 양상으로 발전할 것이므로 흉한 괘가 된다. 일상생활에서 이런 관계의 경우 무조건 결혼을 회피할 것은 말할 것도 없다.

고대 중국의 실제 역사를 보더라도 이러한 종류의 예는 얼마든지 찾아볼 수 있다. 《좌전》〈선공 12년〉에 보면 초나라가 진(晉)나라의 속국인 정나라를 치기 위해 출정했다는 소식을 듣고, 진나라도 출정했으나 황하 가에서 정나라가 이미 점령당했다는 소식을 듣게 되자 장수인 순림보(荀林父)가 회군 명령을 내리면서 벌어진 논쟁의 기록이 있다. 즉, 순림보가 말하는 회군의 명분은 초 장왕이 정나라를 접수한 후 민심을 위무하며 잘 수습하고 있으니 지금은 칠 때가 아니라 기다려야 할 때라는 것이었고 주위의 여러 장수들이 이에 동조를 했다. 그러자 선곡(先穀)이 이는 비겁한 행위라고 꾸짖고는 자신의 군대를 끌고 황하를 건너버렸다. 그러자 순수(荀首)가 다음과 같이 말한다.

저 사람의 군대는 매우 위험합니다. 《주역》에 이런 말이 있습니다. "사(師)괘에서 림(臨)괘로 변화해간다. 이 말은 곧 군대란 (엄격한) 기강과 규율로써 출정해야 하는 법이니, 그렇지 못하면 좋지 못한 결과가 온다는 뜻이다."
(此師殆哉. 周易有之. 在師之臨. 曰: 師出以律, 否臧, 凶.)

〈그림 22〉 사(師)괘

선곡의 행위를 순수는 《역(易)》의 이치를 갖고서 규정하였는데, 우선 군대의 참(본래) 모습을 사(師)괘로 보았다. 사괘는 〈그림 22〉에서 보는 바와 같이 위는 곤괘, 아래는 감괘로 구성돼 있다. 이는 땅 아래에 물이 있는 모양으로서 많은 무리가 모여 있는 형상이다. 괘의 덕으로 말하자면 내면은 험난하고 외양은 유순하기 때문에 군대는 아무리 험한 지세라도 순리적으로 헤쳐나간다. 그리고 괘를 구성하고 있는 효(爻)의 모양을 갖고 보자면, 아래의 양효(陽爻) 하나가 상하 다섯 개의 음효(陰爻)를 거느리고 있는데, 많은 무리의 군대를 일사불란하게 통솔하는 모양이다. 아래의 양효 위에 음효를 쌓아놓은 모양은 한 사람의 지휘관이 군대의 모든 것에 대하여 책임진다는 뜻이기도 하다. 이것이 사괘가 지시하는 군대의 본래 모습이다.

그런데 이것이 자칫 잘못하면 림(臨)괘로 변할 수 있다는 것이다. 림괘란 위는 곤괘, 아래는 태괘로 구성돼 있다.(《그림 23》) 이는 늪

〈그림 23〉 림(臨)괘

위에 땅이 있는 모양인데, 두 개의 양이 점점 자라서 음을 압박하는 형세로서 1년의 변화로 보자면 12월이 이에 해당한다. 서로를 압박하는 사물 가운데서 정도가 가장 심한 것을 꼽으라면 땅과 물일 것이다. 물을 막고 있는 둑과 이 둑을 터뜨리고 넘치는 물, 또는 지층을 뚫고 용솟음치는 샘물 등을 보면 상호 압박의 정도를 짐작할 수 있다. 이것은 양효가 두 개에서 그 이상으로 늘어나 네 개의 음효를 밀어내기 때문에 상호 압박이 강한 것이다. 이것을 군대의 측면에서 보자면, 양효가 두 개라는 것은 곧 지휘관이 둘이라는 뜻으로서, 군대에 지휘관이 둘이면 압박만 심해지고 군사들은 갈팡질팡해 기강과 규율이 없어진다. 이런 군대가 전쟁에 나가 승리할 리 만무하므로, 저렇게 뛰쳐나가 황하를 건넌 것은 결과가 좋지 않을 것이라고 순수가 예언한 것이다.

선곡이 황하를 건넌 후 다른 장수들도 따라 건너서 초나라와 전투를 벌였는데, 과연 순수의 예언대로 진나라 군대는 대패했다. 앞서 언급한 바 있는 "글자 모양을 보더라도 전쟁(戈)을 멈추게〔止〕하는 것이 무(武)이다.(文, 止戈爲武.)"라는 말은 바로 이 전투에서 승리하고 난 초 장왕이 무(武)의 본질이 무엇인지를 말하고

자 하는 과정에서 나온 해석이다.[*] 이와 같이 《좌전》의 역사 기록은 《역》의 이치에 따르지 않는 것은 곧 실패를 뜻한다는 케리그마를 전달하므로, 부지불식간에 이치는 그들의 행위와 실천을 지배하는 강력한 상징으로 기능해왔던 것이다.

이처럼 《역》의 이치는 그것이 합리적이냐 비합리적이냐에 관계없이 오직 사람들의 믿음에 근거해 현실과 실천을 지배하는 기능을 수행한다. 방금 든 예에서도 얼핏 보였지만 이러한 관념이 믿음으로 발전해서 헤게모니가 된 것은 한자의 이미지가 주는 합리적 설명이 있었기에 가능했다. 그 한 예를 들어보기로 하자.

중국을 비롯한 동아시아의 사회적인 틀로 기능해온 가장 중요한 윤리가 삼강(三綱)이다. 삼강이란 사회적 조직의 근본 기초를 임금과 신하, 아비와 아들, 지아비와 지어미의 관계로 보고, 전자(임금, 아비, 지아비)와 후자(신하, 아들, 지어미)를 주종관계로 규정하는 선언이다. 선언이 정통성을 가지려면 한쪽이 다른 한쪽을 지배할 수밖에 없다는 합리적 설명이 있어야 한다. 즉, 전자와 후자는 선천적인 우열관계에 있어야 하는데, 그 관계를 한자가 자연스럽게 설명한다는 말이다.

담론이 정론이 되어 사람들이 영속적으로 따르는 규범으로, 다시 말해서 형이상학적 이치로 기능하게 만들려면 절대로 변화하

---

● 이 이야기는 본서 31쪽에 이미 언급돼 있으므로 참조 바람.

거나 움직여서는 안 된다. 그래서 고대 중국에서는 담론의 시작을 우주천체로부터 시작한다. 《천자문》도 "천지는 그윽하고 누르며, 우주는 넓고 거칠다.(天地玄黃, 宇宙洪荒.)"로부터 시작하지 않는 가. 고대 중국의 천문학은 모두 이러한 수요에 의해 시작되고 발전한 것으로 보아도 무방하다. 삼강이 형이상학적 윤리가 된 것 역시 천문에서 그 기원을 찾아야 한다.

먼저 사회가 안정되기 위해서는 앞에 말한 세 가지 관계가 안정돼야 한다. 그러려면 세 가지 관계가 확고한 주종관계로 규정돼야 하는데, 이 관계가 되려면 주인은 완벽해야 하고 종에게는 결여가 있어야 한다. 이를 입증할 증거를 찾기 위해서 그들은 하늘에 주목했고, 거기서 해와 달을 발견했다. 해는 1년 내내 밝은 빛을 발하고 있는 반면, 달은 차고 이지러지면서 해에 비해 열등한 속성을 드러냈다. 이러한 속성을 입증하는 감각적 자료는 한자의 시각이미지와 청각이미지가 있다. 〈그림 24〉에서와 같이 해는 꽉 찬 모양이고 달은 이지러져서 비어 있는 모양이다. 또한 각 글자의 자음 역시 이를 부지불식간에 강화한다. 즉, '해 일(日)' 자와 '가득 찰 실(實)' 자, 그리고 '달 월(月)' 자와 '빌 결(缺)' 자의 청각적 유사성●은 같은 해가 '꽉 차 있음'의 속성을, 달이 '비어 있음'의 속성을 각각 갖고 있음을 정당화한다. 따라서 전자에 주인을, 후자에 종을 각각 유비(類比)시키면

〈그림 24〉
'日'과 '月'의 고문자

완전한 존재인 주인이 결핍된 존재인 종을 지배하는 것이 옳다는 담론이 함께 정당성을 갖는다. 즉, 우등한 것이 열등한 것을 지배하는 것은 결코 인위적인 담론이 아니라 천륜적인 정론이라는 관념이 뇌리에 각인된다. 그래서 등장한 형이상학적 이치가

임금은 신하의 벼리가 되고,(君爲臣綱)

아비는 아들의 벼리가 되며,(父爲子綱)

지아비는 지어미의 벼리가 된다.(夫爲婦綱)

라는 세 개의 벼리, 즉 삼강(三綱)이다. 여기서 '벼리[綱]'란 그물의 실을 잡아주는 테두리의 굵은 줄을 말하는데, 이는 사람의 행위와 실천의 근거가 되는 윤리와 질서를 상징한다.

이러한 관념적 배경으로부터 "하늘의 해가 하나이듯이 두 주인을 섬길 수 없다."는 이른바 불사이군(不事二君)의 신조가 생겨난 것이다. 이런 식으로 담론을 이미지를 매개로 우주천체와 유비시켜놓으니까, 이치의 힘이 강력해져서 천체가 바뀌지 않는 한 절대

---

● 앞에서 한어와 한자를 소개하면서 한어가 모음, 즉 운(韻) 위주의 특성을 지닌 언어라고 설명한 바 있다. 그러니까 여기서의 청각적 유사성은 '일'과 '실' 중의 'ㆍil' 부분이고, '월'과 '결' 중의 'ㆍul' 부분이다. 혹자는 한국어에서의 유사성을 갖고 어떻게 중국어에 적용할 수 있느냐고 반문할지도 모른다. 우리의 한자 음은 기실 중세 중국어(한어)에서 들어와 정착된 것이므로 오히려 현대 한어의 음으로 읽는 것보다 더 정확할 수 있다.

바뀌지 않는 헤게모니를 갖게 되는 것이다. 동아시아 지역에서 주종(主從)적 윤리 관념이 좀처럼 없어지지 않는 것은 바로 이 때문이다. 이것이 한자의 시·청각이미지가 형성시킨 강력한 관념의 한 예이다.

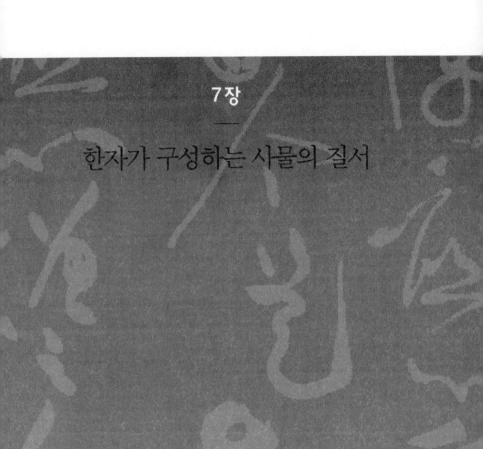

7장
—

한자가 구성하는 사물의 질서

## (1) 육서와 이에 대한 약간의 비판

일반인들 중에는 흔히 한자를 표의를 위한 상형문자로 여겨 그림 그리듯 그려진 것으로 생각하는 사람들이 많다. 그러나 한자가 그림문자에서 시작한 면이 있지만 한자가 그림은 아니다. 만일 그림이라면 중국인을 비롯해 한자를 많이 외우고 쓰는 사람들은 기억력이 비상한 것이리라. 한자가 음소문자에 비해 사용하기가 다소 어렵고 불편한 것은 사실이지만, 그래도 많은 사람들이 일상적으로 쓰고 있다는 것은 이에 적응할 수 있는 나름의 원리나 원칙이 있음을 시사한다. 이것이 바로 한자의 조자(造字) 규칙이다. 즉, 한자는 일정한 규칙에 의해 만들어졌기 때문에 글자 수가 많아도 손쉽게 사용할 수 있는 것이다.

가장 보편적으로 알려져 있는 한자의 조자 규칙은 육서(六書)

이다. 육서라는 명칭은 《주례(周禮)》에서 처음 보였고, 육서의 여섯 가지 항목의 이름이 나열된 것은 《주례》의 정현(鄭玄) 주에서 정중(鄭衆)의 설을 인용한 것이 처음이었으며, 각 항목에 대한 개념을 간단하게나마 처음 정의한 것은 《설문》이었다. 육서를 언급한 사람에 따라 여섯 항목의 명칭이나 순서에 약간의 차이가 있지만 《설문》의 명칭과 《한서예문지(漢書藝文志)》의 순서에 의거해 상형(象形), 지사(指事), 회의(會意), 형성(形聲), 전주(轉注), 가차(假借) 등으로 열거하는 것이 보통이다. 육서의 개념은 대략 이렇다.

① 상형: 사물의 모양이나 특징을 그린 글자로서 '해 일(日)' 자와 '달 월(月)' 자가 대표적인 예이다.

② 지사: 상형과 기본적으로 같은 속성의 글자인데, 상형이 구체적 사물을 이미지로 그려서 지시하는 데 비해 지사는 추상적 지시물을 가시적으로 표기한 글자이다. '위 상(上)' 자와 '아래 하(下)' 자가 그 예이다.

상형과 지사는 한자 구성에 기본적 요소가 되는 문자라 하여 초문(初文)이라고도 부른다.

③ 회의: 두 개 이상의 글자를 조합해 제삼의 다른 의미를 만들어내는 글자로서, 《설문》에서는 '무반 무(武)' 자와 '믿을 신(信)' 자를 예로 들었다. 즉, '무(武)' 자를 '그칠 지(止)'와 '창 과(戈)'의 합체자로 보아 "전쟁을 막는 것이 '무'의 뜻이다.(止戈爲武.)"로 보

고, '신(信)' 자는 "사람의 말은 신의가 있어야 한다.(人言爲信.)"에서 '믿음'이란 의미를 갖게 됐다는 말이다.

④ 형성: 의미를 나타내는 의부(義符)와 자음을 표기하는 성부(聲符)로 이루어진 글자로서 《설문》에서는 '강 강(江)' 자와 '물 하(河)'를 예로 들었다. 한자의 대부분은 이 형성에 의해 만들어졌다. 따라서 형성은 중국인의 관념 형성에 직접적인 영향을 끼쳤으므로 이에 관해서는 뒤에 가서 자세히 설명할 것이다.

⑤ 전주: 《설문》은 '죽은 아비 고(考)' 자와 '늙을 로(老)' 자를 예로 들어놓고 설명했는데, 그 설명이 매우 모호하여 후대 문자학자들의 논란을 불러일으켰다. 이는 가차와 더불어 뒤에 다시 설명할 것이다.

⑥ 가차: 《설문》은 '우두머리 령(令)' 자와 '우두머리 장(長)' 자를 예로 들었는데, 이 역시 앞의 전주와 함께 뒤에 다시 설명할 것이다.

위와 같은 육서의 정의는 모호하기도 하고 또 모순도 많지만 전통적으로 아무런 비판 없이 당연한 것으로 여겨왔다. 우선 전주와 가차는 기실 조자 규칙이 아님에도 불구하고 육서에 포함돼온 것은 아마 《시경》의 육시(六詩)를 모방한 것이 아닌가 짐작된다. 육시란 풍(風), 아(雅), 송(頌), 부(賦), 비(比), 흥(興)을 말하는데 여기서 풍·아·송은 시의 형식을, 부·비·흥은 시의 작법을 각각 가리키는 단어이지만, 한데 모아 육시로 부른 것은 중국인들이 '육(六)' 자를 천지와 사방을 합쳐 지시하는 형이상학적 숫자●로 보는 관념에 의거한 것이다. 따라서 당시에 소학(小學)이라며 경시되던 문자학의 위상을 높이기 위해 시학의 육시를 모방해 육서로 명명하면서 다른 차원의 개념인 전주와 가차를 포함시켰던 것이다.

그리고 회의는 선진(先秦), 즉 진나라 이전의 고문자에서는 보이지 않는다. 회의는 앞의 '무(武)'와 '신(信)'의 해석에서 보듯 전국시대 제자백가의 문장에서 자신들의 주장을 합리화하기 위해 자의적으로 파자(破字)해 해석한 결과인 것으로 보인다. 이를테면, 앞의 무(武) 자에 대한 풀이인 "지과위무(止戈爲武)"는 초나라 임금이 장수의 잘못된 제안을 꾸짖기 위해 파자하여 만든 임시방편적인 해석이다.

〈그림 25〉 새(厶)

이러한 파자 해석은 전국시대의 산문에 종종 보인다. 이를테면, 《한비자(韓非子)》에 "나를 빙 둘러서 울타리를 짓는 것을 사(私)라 하고, 이 사사로움을 등지는 것을 공(公)이라 한다.(自營爲私, 背私爲公.)"라는 글자 해석이 있는데, 이는 〈그림 25〉에서 보듯이 '사(私)' 자의 방인 '나 사(厶)' 자의 소전체가 동그랗게 그려진 모양을 보고

---

떠올린 것이고, '공(公)' 자는 '사(厶)' 자 위에 '여덟 팔(八)'가 있으므로, '팔(八)' 자를 '등질 배(背)' 자와 같은 뜻으로 보고● '사(厶)' 자의 반대로 본 것이다. 이와 아울러 "하나로써 천·지·인 삼재(三才)를 꿰뚫은 자가 왕이다.(一貫三爲王.)"라는 구절도 잘 알려진 파자 해석이다.

이러한 자해는 말할 것도 없이 본의에서 벗어난 자의적 해석에 지나지 않지만, 듣기에는 그럴싸했으므로 그 후로는 이 방식을 역으로 이용한 글자 만들기가 성행했다. 이를테면, "'작을 소(小)' 자와 '큰 대(大)' 자가 합쳐져 '뾰족할 첨(尖)' 자가 된다.(小大爲尖.)"는 것인데, 쐐기처럼 뾰족한 첨단의 사물은 앞은 작고 뒤는 큰 모양을 하고 있기 때문이다.(〈그림 26〉) "네 곳이 모가 난 나무는 '모 릉(楞)' 자가 된다.(四方木爲楞.)"에서 '사방목(四方木)'은 곧 각목을 뜻

〈그림 26〉 첨(尖)

하므로 '모나다'란 의미의 '릉(楞)' 자가 생겨난 것이다. '투구 투(套)' 자는 "'큰 대(大)'와 '우두머리 장(長)'이 합쳐져서 '투(套)'가 되었다.(大長爲套.)"고 풀이했는데, 이는 옛날에는 투구가 귀해서 아무나 쓰는 게 아니라 제일 높은 우두머리만 썼기 때문에 이를 형상화하여 '투(套)' 자를 만들었다는 것이다. 특히 재미있는 글자

───────────────────

● '팔(八)'과 '배(背)'는 같은 계열에 속하는 자음이므로 의미도 같은 것으로 보았다.

는 위진시기의 유명한 시인인 혜강(嵇康)의 〈절교서(絶交書)〉에 보이는 '희학질할 뇨(嫐)' 자인데, 이는 글자 그대로 남자 둘이서 여자 하나를 희롱하며 논다는 의미이다.

이와 같이 회의가 처음부터 있어온 조자 방식은 아닐지라도 후대에 와서 회의 방식의 글자가 상당량 만들어진 것은 부인할 수 없는 사실이다. 오늘날에도 항간에서 한자를 자의적으로 조합해 여러 가지 우스개 문자를 만들어 즐기는 경우가 종종 있는데, 이것 역시 모두 회의의 외설적 변형이라고 봐도 무방하다. 그래서 탕란(唐蘭)이라는 중국의 문자학자는 자신의 《중국문자학(中國文字學)》에서 육서의 이러한 부조리를 비판하면서 한자의 고유한 조자 방법은 상형(象形)·상의(象意)·형성(形聲)으로 구성되는 삼서(三書)로 보아야 한다고 주장하기도 했다.

그렇다면 전주와 가차는 무엇인가? 뒤에 가서 다시 설명할 기회가 있겠지만, 여기서 잠시 소개하자면 다음과 같다. 앞서 설명한 바 있듯이, 한자는 단어를 표기하는 표어문자이기 때문에 단어가 새로이 생겨나면 원칙적으로 그에 따라서 새로운 한자가 만들어져야 한다. 그런데 조자 방식은 무원칙한 게 아니라 기존의 글자에서 가지를 쳐나가는 파생의 형태를 띠게 된다. 이렇게 해야 그 많은 문자들을 쉽게 외울 수도 있고 관리할 수도 있기 때문이다. 바로 이 문자의 파생을 일컬어 전주라고 부른다. 간단히 예를 들면 다음과 같다.

'창고 창(倉)' 자를 《설문》에서는 "곡식을 갈무리한다는 뜻이다. 푸른색(倉)에서 누런색(黃)을 띨 때 걷어다가 갈무리한다. 그래서 '창(倉)'이라고 부르는 것이다.(倉, 穀藏也. 倉黃取而藏之. 故謂之倉.)"라고 정의했다. 농부들이 곡식을 추수할 때에는 열매가 푸른색을 벗어나 황색이 막 다됐을 때 빨리 거두어들이는 것이 가장 중요하다. 황색 속에 푸른색의 흔적이 남아 있어야 싱싱한 맛이 살아 있을 뿐 아니라 오래 저장할 수 있기 때문이다. 그래서 '창(倉)' 자에 '풀 초(草)'를 더해 '푸를 창(蒼)'자가 만들어진 것이다. 그리고 추수는 이 푸른색의 흔적이 남아 있을 때 가급적 빨리 서둘러 해야 하므로 '창(倉)' 자에 '빨리' 또는 '갑자기'라는 의미가 생겨났다.〔예: '창졸(倉卒) 간에'〕 이에 따라 갑자기 들이닥쳐 남의 물건을 빼앗는 것을 '손 수(手)'를 붙여 '부딪힐 창(搶)'으로, 갑자기 칼에 베어 상처를 입는 것을 '칼 도(刀)'를 붙여 '다칠 창(創)'으로 각각 쓰는 글자들이 만들어진 것이다. 그리고 비상시에 적을 공격하거나 방어하는 데 쓰는 무기는 '나무 목(木)'을 붙여 '창 창(槍)'으로, 이 무기가 현대에 와서는 총으로 대체됐으므로 '쇠 금(金)' 자를 붙여 '창 창(鎗)'으로 바꾼 것이다.

이렇듯 전주란 기본적인 형상은 그대로 유지하면서 개념상에 약간의 변화가 생겼거나 어음(語音)상에 변화가 발생했을 때 새로운 글자가 파생적으로 만들어지는 현상을 뜻한다는 것을 알 수 있다. 어음상의 변화에 의한 조자의 대표적인 경우가 '거스릴 역

(逆)'과 '맞을 영(迎)'의 파생 관계이다. 《설문》에 보면 "함곡관(函
谷關) 이동 지방에서는 '역'이라 하고, 이서 지방에서는 '영'이라
한다.(關東曰逆, 關西曰迎.)"라는 구절이 있는데, 이는 사실상 같은
의미인데 방언의 차이에 의해 두 개의 글자가 만들어졌음을 나타
낸다. 즉, '거스르다'와 '맞이하다'는 상대방을 마주보고 있다는
형상을 상기한다면 같은 의미임을 알 수 있다. 단지 변화라는 것
은 전자는 운미(韻尾)가 '-k'로, 후자는 '-ng'로 마감됐다는 것뿐인
데, 이 차이도 두 음소가 모두 혀뿌리에서 나오는 설근음(舌根音)
이라는 사실을 상기한다면 결국 같은 의미를 가진 파생 글자들임
이 명백해진다.

　어음의 지역적 차이뿐만 아니라 시대적 차이에 의해서도 글자
는 새로이 만들어진다. 상고시대에는 '굽을 요(夭)' 자를 반절법●
표기로 '어조절(於兆切)'로 적어 '오'로 읽히던 것이 당(唐)대에 와
서 오괴절(烏乖切), 즉 '왜'로 읽히게 되자 이 변화된 음에 맞춰서
'굽을 왜(歪)' 자를 새로이 만들어냈다.

　이러한 문자의 파생 현상을 전주라고 부르는 것이다.●● 사회가
분화하고 발전할수록 새로운 사물과 개념이 많이 생겨나기 마련
이므로 한자는 갈수록 글자 수가 많아질 수밖에 없는 것이 운명인

---

● 반절법에 관해서는 본서 27~28쪽을 참조 바람.
●● 이에 관한 상세한 설명은 육종달(陸宗達), 김근 옮김, 《설문해자통론》(대구: 계명대
　학교출판부, 2002, 2쇄본) 95~102쪽을 참조 바람.

셈이다. 이런 상황은 한자를 사용하는 주체들에게 그 많은 한자를 다 외워 써야 하는 어려움을 야기한다. 그래서 자연히 이를 해결하기 위한 방법이 강구됐을 터인즉, 그것이 바로 가차라는 것이다. 즉, 글자의 증가가 문제라면 이를 억제할 수 있는 방법이 있어야 한다는 뜻인데, 새로운 사물이나 개념이 생기더라도 글자를 더 이상 만들지 않고 기존의 글자를 빌려 쓰면 억제의 효과를 얻을 수 있을 것이다. 그래서 하나의 글자가 여러 가지 의미 항을 갖게 되는 것인데, 여기서 주의할 것은 여러 의미 항 사이에 반드시 의미상 관련이 있어야 한다는 점이다. 이를테면, 서사의 편의성을 위해서 '의사(醫師)'를 임시적으로 '의사(衣士)'로 쓸 수도 있다. 이 경우는 의미상의 관련이 없이 단지 글자의 발음이 같다는 이유로만 빌려다 썼기 때문에 가차가 될 수 없고, 이처럼 동음자로 대체한 경우는 특별히 통가(通假), 또는 통차(通借)라고 부른다. 그렇다면 가차가 어떤 것인지 구체적인 예를 들어보기로 한다.

'사물 물(物)' 자는 원래 '빛깔' 또는 '색깔'을 뜻하는 글자였다. 우리가 일상에서 '한물갔다'라든가, '물이 바랬다'라는 말을 쓸 때 '물'은 곧 '색깔'을 뜻한다. 그런데 옛날에는 사물을 분별할 때 색깔을 기준으로 나누는 관습이 있었으므로 '물'은 곧 '사물'을 뜻하게 되었다. 오늘날에도 농산물의 등급을 나눌 때 색깔로써 구분하는 경우를 종종 볼 수 있다. 불가에서 만물을 '제색(諸色)'이라고 일컫는 것은 바로 이 의미에 근거한다. 그리고 사물을 색깔에 근거해 구분하고 선택했으므로 이로부터 자연히 '선택하다'라는 의미가 다시 파생되었다. 오늘날 구별하고 선택하는 행위를 '물색하다'라고 말하는 것은 바로 이 때문이다. 그렇다면 결과적으로 하나의 '물(物)'자에 ① 색깔, ② 사물, ③ 선택하다 등 세 가지 의미 항이 파생되었음을 알 수 있다. 이 세 가지 의미 항들 사이에는 당연히 상호 관련성이 유지돼 있다. 이렇듯 두 개의 글자가 더 만들어져야 할 상황이 한 글자로 해결됐으므로 가차의 기능이 어떠한 것인지를 명백히 알 수 있을 것이다.

〈그림 27〉 수(受)

가차는 이처럼 글자 수를 억제하는 기능이 있긴 하지만, 이것을 너무 남발하면 혼란을 불러올 수도 있으므로 이를 해결하기 위해 다시 전주로 돌아가는 경우도 있다. 이를테면, '받을 수(受)'자는 〈그림 27〉에서 보듯이 두 사람이 배를 서로 주고받는 모양이므로, 이 글자에는 '주다'라는 의미와 '받다'라는 의미가 동시에 존재했었다. 주는 행위란 기실 받는 행위와 동시에 일어나야 가능한 것이 아닌가? 그러니까 '수(受)'자는 두 가지 의미를 동시에 수용하는 가차가 될 수밖에 없었다. 그러나 실제 문자 생활에서는 한 글자로 뜻을 같이 쓰면 혼란이 야기되므로, 따로 문자를 만들어 구분할 필요가 있었다. 그래서 파생된 글자가 '줄 수(授)'자이다. 이것은 전주와 가차의 관계를 명확히 구분해주는 좋은 예이다.*

120

위에서 우리는 육서의 내용을 알아보았는데, 이것이 우리의 관념 형성에 구체적으로 어떻게 작용했는지를 알아보기로 하자. 모든 문자가 그렇듯이 문자의 일차적 기능은 일단 언어의 음을 표기하기 위한 것, 즉 표음을 위한 것이다. 한자도 예외 없이 이 기능을 수행한다. 단지 한자가 특별한 것은 표음에 더하여 다른 문자에는 없는 표의 기능을 추가하고 있다는 사실이다. 그래서 한자의 구성을 간단히 두 가지로 귀납시켜서 다시 정리할 필요가 있다.

## (2) 표음을 위한 구성

앞서 소개한 육서 가운데서 표음 기능을 하도록 조자된 것은 형성이다. 형성의 구조는 표의부와 표음부로 이루어졌다. 일반적으로 전자는 변(偏)으로, 후자는 방(旁)으로 각각 부른다. 우리가 처음 보는 글자나 의미를 잘 알지 못하는 글자라 하더라도 음을 대략 추정해서 읽을 수 있는 것은 한자의 대부분이 이 형성으로 이루어졌기 때문이다. 이로써 한자를 표의문자로 정의하는 것이 완전하지 않다는 것이 입증된다.

이 형성의 구조를 분석해보면 고대 중국인들이 사물을 어떤 방식으로 인식했는지를 짐작할 수 있다. 《순자》〈정명(正名)편〉에 보

---

● 가차에 관한 상세한 설명은 같은 책 102~107쪽을 참조 바람.

면 사물의 이름을 짓는 대원칙에 대해 서술하면서 사물을 다음과 같이 분석한다.

> 사물에는 형태는 같으나 장소가 다른 것이 있고, 형태는 다르나 장소는 같은 것으로 구별할 수 있다.
>
> (物有同狀而異所, 異狀以同所者, 可別也.)

이 말을 다시 설명하면 이러하다. 즉, 고대 그리스에서 아리스토텔레스가 모든 사물을 형상과 질료라는 개념으로 추상화해서 인식하려 했던 것처럼 순자는 세상의 모든 사물을 두 가지 측면에서 파악했다. 그것이 위에 인용한 '상(狀)'과 '소(所)'인데, '상'이란 글자 그대로 형태를 가리키고, '소'란 형태가 자리 잡는 장소를 가리킨다. 다시 말해서 실체가 존재로 인식되기 위해서는 형태라는 추상체와 이 추상체가 구체화되는 장소가 있어야 한다는 뜻이다. 형태란 실체의 본질을 드러나게 해준다는 의미에서 속성이라고 바꿔 말해도 무방할 것이다.

사물들을 관찰해보면 형태, 곧 속성은 유사한데 실질은 다른 사물이 있고, 실질은 같은 사물인데 형태는 전혀 다른 경우를 볼 수 있다. 이를테면, 나무의 줄기와 사람의 등뼈는 사물의 중심 기둥이라는 추상적 형태로는 같지만 실질은 전혀 다른 사물이다. 이것을 순자는 '중심 기둥'이라는 속성이 나무와 사람이라는 각각의 장소에서 구체화돼 나타남으로써 서로 다른 두 개의 실체가 되었다고 본 것이다. 이와는 반대로 '명태'라고 하는 같은 물고기를 놓고서 얼린 것은 '동태'로, 말린 것은 '북어'로 각각 부른다면, 이는 형태는 다르지만 실질은 같은 사물이 된다. 이것을 순자는 속성은 각기 다르나 존재의 장소인 실체는 같은 것이라고 정의하였던 것이다.

순자의 이러한 사물 보기는 한자의 구성에 그대로 드러나 있다. 이는 순자만의 독특한 인식은 아니고 고대로부터 현대에 이르는 중국인들의 보편적 관념이라는 점에서 한자가 만들어낸 구조적인 인식이라는 사실을 알 수 있다. 그렇다면 한자의 어떤 구조가 중국인들에게 이런 인식을 심어주게 되었는가? 우리는 그 대표적인 구조를 한자의 대부분을 만들어낸 형성에서 찾아볼 수 있다.

형성은 표의부(변)와 표음부(방)로 이루어졌다. 일반인들은 흔히 표의부인 변은 한자의 의미를, 표음부인 방은 한자의 발음을 각각 나타낸다고 알고 있다. 그러나 앞서 말한 바처럼 한자는 단어를 표기하는 글자이므로 발음과 함께 의미도 표상한다는 점을 잊어서는 안 된다. 존재 자체가 의미는 아니므로 사물은 의미화 과정을 통해 표상되어야 비로소 의미로 인식된다. 고대 중국에서는 앞서 설명한 바와 같이 형태(속성)와 장소라는 두 가지 요소가 결합해 의미가 만들어진다. 이 두 가지 요소가 문자에 반영된 것이 바로 방과 변으로서 전자는 형태를, 후자는 장소를 각각 지시하면서 의미를 표상한다.

예를 들면, '복 복(福)' 자는 표의부가 '보일 시(示)'이고 표음부가 '가득 찰 핍(畐)'으로 이루어진 형성자이다. 그렇다면 '핍(畐)' 자는 복의 형태, 곧 속성이 되고 '시(示)' 자는 그 복이 실체로 존재하는 구체적 장소가 된다는 말인데, 이것을 어떻게 이해해야 할 것인가? 우선 '핍(畐)' 자의 자형을 분석하면 이것은 가마솥처럼 가운데가 불룩하고 입은 큰 술항아리 모양이다. 그래서 독음도 '가마솥 부(釜)'와 같은 계열에 속한다. 옛날에는 제사를 지내고 나면 신에게서 복을 많이 받았다는 징표로서 술을 나누어 받아서 이 항아리에 가득 담아두었다. 따라서 '핍(畐)' 자가 표상하는 형태는 '나눠받아 가득 채우다'가 된다. 이 형태는 앞서 말한 바대로 추상적인 속성이므로 이것이 실체로 인식되려면 구체적인 발현 장소가 있어야 하는데, 그것이 바로 '시(示)' 자이다. '시(示)' 자는 한자에서 주로 신, 하늘, 제사 등 종교적인 의미를 표상한다. 따라서 '나눠 받아 가득 채우다'라는 추상적 속성이 제사라는 장소에서 발현된 것이므로 전체적으로 표상된 의미는 '제사에서 나눠 받은 넘치는 복'이 되는 것이다. 만일 이 속성이 집안에서 일어난다면 집을 의미하는 '집 면(宀)' 자를 변(표의부)으로 하여 '집안에 나눠 받아 넘치는 복', 즉 '부유할 부(富)' 자가 만들어진다.

그런데 이 속성은 추상적이기 때문에 모든 글자에서 '나눠 받아 가득 채우다'로 나타나는 것은 아니고, 경우에 따라서 일부만 나오거나 약간 변형된 형태로 나오기도 한다. 이를테면, '부(副)' 자는

'칼 도(刂, 또는 刀)'를 변으로 하고 있는데, 여기서 방(표음부)은 '나누다'라는 속성으로 나타나, '칼로 쪼개 나뉜 몫'이 되는데, 이 몫은 원래 것보다 작으므로 '버금'이란 뜻이 되는 것이다. '바퀴살 폭(輻)' 자는 '수레 거(車)'를 변으로 하고 있는데, 이때도 방인 '픽(畐)' 자가 갖는 속성은 '나누다'가 된다. 즉, 바퀴살은 나무를 가지런히 쪼개 나누어서 만든 것이기 때문에 표상되는 의미는 '수레 중에서 쪼개 나누어 만들어진 물건', 즉 '바퀴살'이 되는 것이다.

이와는 반대로 '가득 채우다'라는 변형으로 나타나는 경우도 있다. '너비 폭(幅)' 자는 '수건 건(巾)' 자를 변으로 하고 있는데, 이는 베틀에서 갓 짜냈기 때문에 폭이 꽉 차 있어 좌우에 나머지가 없는 상태를 의미한다. '닥칠 픽(逼)' 자는 '뛰어넘을 착(辶, 또는 辵)'을 변으로 하고 있는데 이는 '쫓아다니며 숨이 가득 차도록 다그치다'라는 뜻을 표상한다.

사물이나 개념을 구체적인 존재의 장소를 나타내는 변과 추상적 속성을 나타내는 방으로 나누어본 위의 예를 도표로 정리하면 다음과 같다.

| 속성<br>(형태)<br>장소 | 畐 (가득 찰 픽): 나눠 받아 가득 채우다 |
|---|---|
| 示 | 福 (제사에서 나눠 받은 넘치는 복) |
| 宀 | 富 (집안에서 나눠 받아 넘치는 복) |
| 刀 | 副 (칼로 쪼개 나뉜 몫) |

| 車 | 輻 (수레 중에서 쪼개 만들어진 물건) |
|---|---|
| 巾 | 幅 (좌우에 나머지가 없는 상태) |
| 辵 | 逼 (쫓아다니며 숨이 가득 차도록 다그침) |

　'조리 세울 륜(侖)' 자도 형성자의 표음부인 방으로 많이 활용되는 한자 중의 하나이다. '륜(侖)' 자의 전서 자형은 '侖'으로 돼 있는데, 그 본래 의미를 풀어보면 다음과 같다. 아래의 '책(冊)' 자는 글자 그대로 죽간(竹簡)(《그림 28》)을 가지런히 엮어서 책을 만든 모양이고, 위의 갓 모양은 '지붕 아래에 모아두다'라는 뜻이다. 따라서 '륜(侖)' 자의 자형적 의미는 '생각을 한데 모아 죽간 위에 조리 있게 적다'가 된다. 이 글자에 '사람 인(人)'을 변으로 붙이면 '인륜 륜(倫)' 자가 되는데, 이는 '사람이 조리 있게 모여 살기 위해 지켜야할 질서'라는 의미가 된다. 여기에 '수레 거(車)'를 변으

〈그림 28〉 죽간

〈그림 29〉 곤륜산

로 붙이면 '바퀴살을 가지런히 엮어 만든 둥근 바퀴'라는 의미의 '바퀴 륜(輪)' 자가 된다. 그리고 '물 수(水)'를 방으로 하면 '잔물결 륜(淪)' 자가 되는데, 이는 '가지런히 일어나는 잔잔한 물결'을 표상하고, 다시 '실 사(糸)'를 변으로 하면 '굵은 실 륜(綸)' 자가 되어 '여러 가닥의 실을 가지런히 꼬아 만든 굵은 실'을 표상한다. 또한 죽간처럼 가지런히 엮여 있는 형태가 산에서 발현된 것은 곤륜산(崑崙山)에서 찾을 수 있다. 즉, 곤륜산은 〈그림 29〉에서 보듯이 수많은 봉우리가 뾰족뾰족 솟아나 있는데 이것이 마치 죽간의 모양과 같다 하여 '뫼 산(山)'을 변으로 하여 '곤륜산 륜(崙)' 자로 만든 것이다. 마찬가지로 이러한 속성이 말씀이라는 존재로 구체성을 가진 것이 '조리 있게 말할 론(論)' 자이다. 이상의 형성자를 도표로 정리하면 다음과 같다.

| 속성 (형태) <br> 장소 | 侖(조리 세울 윤): 대나무 조각을 가지런히 엮어 책을 만들어 생각을 정리해 적다. |
|---|---|
| 人 | 倫 (사람이 바로 살기 위해 지켜야 할 질서) |
| 車 | 輪 (바퀴살을 가지런히 엮어 만든 둥근 바퀴) |
| 水 | 淪 (가지런히 일어나는 물결의 모양) |
| 山 | 崙 (수많은 봉우리들이 가지런히 솟아난 모양) |
| 糸 | 綸 (여러 가닥의 실을 가지런히 꼬아 만든 굵은 실) |
| 言 | 論 (조리 있게 표현된 말) |

'같을 동(同)' 자를 표음부로 하는 형성자들의 표상 형태를 더 보기로 하자. '동(同)' 자의 자형은 술 같은 것을 발효시키기 위해서 그릇에 뚜껑을 덮고 다시 그 위에 담요 같은 것을 덮어씌운 모양이다. 그러니까 자형적 의미는 '모든 것을 덮어 하나의 동아리가 되게 하다'가 된다. 이 추상적 속성이 '나무 목(木)'을 변으로 하면 나무 가운데 동아리 형태를 갖고 있는 것은 '오동나무 동(桐)'이 된다. 왜냐하면 오동나무는 줄기 가운데가 동아리처럼 비어 있기 때문이다. 다시 '물 수(水)'를 변으로 하면 물이 흘러나오는 텅 빈 곳, 즉 '동굴 동(洞)'이나 '골짜기 동(洞)' 자가 된다. 우리나라에서는 물이 흐르는 골짜기를 중심으로 마을이 자리를 잡았으므로 마을 이름을 '동(洞)'으로 표기했다. '고기 육(肉, 또는 月)'을 변으

128

로 하면 몸속에서 텅 빈 곳, 즉 '큰창자 동(胴)' 자가 된다. 또한 '쇠 금(金)'을 변으로 하면 금속 중에서 텅 빈 소리가 나는 것, 즉 '구리 동(銅)' 자가 된다. 종을 구리로 만드는 것은 이 쇠는 텅 빈 소리, 즉 공명을 잘 내기 때문이다. 이상의 형성자를 정리해보면 다음 도표와 같다.

| 장소 \ 속성(형태) | 同(같을 동): 기물을 한데 모아서 덮다. 동아리. |
|---|---|
| 木 | 桐 (줄기 속이 동아리처럼 텅 빈 나무) |
| 水 | 洞 (물이 흘러나오는 텅 빈 곳. 동굴, 골짜기) |
| 肉(月) | 胴 (몸속에서 텅 빈 곳. 큰창자) |
| 金 | 銅 (금속 중에서 텅 빈 소리가 나는 것. 구리) |

형성자의 구성에서 변(표의부)이 글자의 의미를 표시하는 것으로 보여 방(표음부)보다 더 중요한 것처럼 여기는 게 일반 사람들의 상식이지만, 실은 속성을 담고 있는 방이 더 중요한 요소이다. 왜냐하면 중국어(한어)에서 단어의 파생은 어음을 중심으로 이루어지기 때문이다. 여기서 단어는 곧 한자를 의미한다. 따라서 이 표음부를 갖고서 한자의 파생 관계를 다시 정리해볼 필요가 있다.

◎ 표음부(방)를 통해 보는 한자의 파생 관계
앞서 살펴본 바와 같이 고대 중국인은 사물을 형태와 장소, 다시 말해서 속성과 구현이라는 두 가지 상호 관계의 측면으로 합성해 보았는데, 이것은 형성이라는 조자법에 그대로 반영돼 있다. 그러다 보니까 단어(한자)와 단어(한자) 사이에 연관성이 발생하고 아울러 파생 관계가 만들어졌다. 이 파생 관계가 바로 앞의 육서에서 말한 바 전주(轉注)의 본질이다. 다시 말해서 새로운 사물이나 개념이 생겨서 이를 표기하기 위해 새로운 글자를 만들어내는 운동 과정은 전주이고, 이 과정 가운데서 구체적으로 글자를 만들어내는 방식 중의 하나가 형성인 것이다. 즉, 파생글자를 만들어내기에 형성이 용이하다는 것뿐이지, 파생 운동 과정에서 구체적 조자는 상형, 지사, 회의 등도 동원될 수 있다는 말이다. 이 점을 혼동하면 안 된다. 아무튼 형성으로 만들어지는 글자들은 그들 사이에 파생 관계를 구성하는데, 이러한 글자들 사이의 관계는 다시 사물과 사물의 관계로 대체되면서 사물의 질서를 형성한다. 이것은 이데올로기 제작에 매우 중요한 기능을 하게 된다.

이것을 '말씀 설(說)', '검열할 열(閱)', '징수할 세(稅)' 등 세 글자 사이의 파생 관계를 분석함으로써 설명해보기로 하자. 이 세 글자는 의미상으로는 상호 관련이 없을 것처럼 보이지만 일단 세 글자에 공통적으로 '기뻐할 태(兌)' 자가 들어가 있는 것으로 보아 이것이 속성으로 기능하고 있는 표음부임을 직감할 수 있다. '태(兌)' 자의 자형은 입에서 기운이 나와 분산되는 모양인데, 이는 기뻐 날뛰며 소리 지르는 사람의 형상이므로 이로부터 '기뻐하다'라는 의미가 생긴 것이다. 이 글자를 기본 형태로 해서 구체화된 것이 위의 세 글자인 것이다.

첫째, '설(說)' 자는 '말씀 언(言)' 변과 '태(兌)' 방으로 이루어진 형성자이므로, 자형적 의미는 '말로써 하나하나 헤쳐 풀다'가 된다. '외우면서 하나하나 설명하다'라는 뜻을 고대문헌에서 '송설(誦說)'로도 쓰고 또한 '송수(誦數)'로도 쓰는 것이 이를 입증한다.

둘째, '열(閱)' 자는 '문 문(門)' 변과 '태(兌)' 방으로 이루어진 형성자이므로 자형적 의미는 '성문 안에서 헤쳐놓고 세어보다'가 된다. 옛날에는 군사들이 지급된 병기와 장비를 잘 관리하고 있는지를 정기적으로 점검했는데, 이때 모든 군비들을 성문 안마당에 벌여놓고 숫자를 일일이 세어보는 모양을 표상한 글자가 '열(閱)' 자이다. 오늘날 '검열(檢閱)'이니 '사열(査閱)'이니 하는 말들은 모두 여기서 비롯된 것이다.

셋째, '세(稅)' 자는 '벼 화(禾)' 변과 '태(兌)' 방으로 이루어진 형성자이므로, 자형적 의미는 '벼 낟알을 헤쳐놓고 하나하나 세어보다'가 된다. 《좌전》〈선공 15년〉에 보면 "처음으로 밭이랑대로 세금을 매겼다.(初稅畝.)"라는 구절이 보이는데, 이는 중국 역사상 처음으로 토지에 세금을 매기는 '세(稅)' 제도를 시작했다는 기록이다. 그전까지는 조(租)라는 세제를 시행해왔었는데 이는 정전법(井田法)이라는 봉건예법에 따라 토지를 나눠준 영주의 땅을 무상의 노동력으로 경작해주는 것이었다. 영주의 입장에서 '조'는 불리한 제도였으므로 '세' 제도를 고안해낸 것이니, 이는 경작지에서 산출되는 작물의 양을 정확히 계산해 생산비를 공제한 후 나머지의 10분의 1을 세금으로 걷어 가는 방식이다. 당시 작물의 양을 계산할 때에 곡식 낟알을 헤쳐놓고 일일이 세어보았는데, 앞의 '세(稅)' 자의 자형은 이 사실을 그대로 반영하고 있다.

이와 같이 '설(說)', '열(閱)', '세(稅)' 등의 세 글자는 형성의 표음부를 매개로 해서 상호 연관돼 있다. 즉, 한자는 자음을 매개로 해서 파생된다는 것이다. 이 말은 곧 한어의 음운체계가 세계를 구성하는 사물들을 서로 연계시켜주는 보이지 않는 끈으로 기능한다는 말에 다름 아니다. 왜냐하면 전주는 사물을 표상하는 단어(한자)를 확장해가는 운동 과정이기 때문이다. 여기서는 위의 세 글자의 관계만을 예로 들었지만 이 연계가 무한 확장할 수 있다는 것은 이미 《설문》의 편집 체제에서 입증한 바 있다.

혹자는 '설(說)', '열(閱)', '세(稅)' 세 글자의 독음이 서로 다른데 그게 어떻게 가능하냐고 물을 수도 있다. 앞에서 이미 밝힌 바 있듯이 한어는 원음(모음) 위주의 언어이기 때문에 음절을 구성하는 원음 앞뒤의 성모와 운미 등 자음은 수시로 바뀐다. 위의 세 글자가 지금은 다르지만 옛날 주진(周秦)시대에는 같은 독음으로 읽혔다.

## (3) 표의를 위한 구성

　누차 강조하지만 한자는 단어를 표기하는 표어문자이므로 단어의 독음(자음)과 의미(자의)를 동시에 나타낸다. 앞 절에서는 표음 기능의 구조를 설명했으므로, 이 절에서는 이어서 표의 기능의 구조를 설명하고자 한다.

　표의 기능은 한자에만 있는 독특한 기능인데, 이것이 가능한 것은 한자의 구성에 이미지가 개입돼 있기 때문이다. 아이콘이나 로고는 특별하게 읽는 방법이 없어도 그 지시하는 의미를 스스로 말해주고 있는 것처럼 이미지 역시 스스로 의미를 표상한다. 오늘날의 한자는 지시물과의 동기가 높았던 필의로부터 동기가 낮은 필세로 발전해 상당 부분 부호화되긴 했지만 이미지의 속성은 여전히 잔류해 있어서 관성적으로 그 기능을 수행한다.

　앞서 설명한 바와 같이 의미란 고정된 것이 아니라, 기표들의 배치, 즉 연쇄에 따라 수시로 달라지는 일종의 환영(幻影)적인 감각이다. 그러므로 아무리 논리성을 강구하더라도 근본적인 모호성을 떨쳐버릴 수는 없다. 아무리 정확하게 쓴 계약서라도 나중에 분쟁의 씨앗이 되는 것을 일상생활에서 종종 볼 수 있다는 사실이 이를 입증한다. 이것은 음성은 인식론적으로 의미를 생성하는 반면, 문자는 존재론적으로 의미를 만들어내기 때문이다. 음성이 생성하는 의미도 존재론적인 측면이 없는 것은 아니다. 그러나 화자와 청자가 현존하는 현장에서는 서로가 지시물을 정확히 가리킬 수 있고 또한 확인할 수 있다고 믿기 때문에 언어 기호가 보여주는 대로 의미가 생겨나고 또 인식하게 되는 것이다. 그래서 음성 언어가 생성하는 의미는 인식론적이다. 반면에 문자는 시각적 기호이므로 일단 이미지가 음성처럼 사라지지 않고 '거기에' 있다. '거기에' 있다는 말은 문자 이미지의 존재가 수많은 의미를 말하거나, 아니면 말할 준비가 돼 있다는 뜻에 다름 아니다. 더욱이 한자의 경우는 이미지를 통해서 직접적으로 의미를 말하는 기능이 있으므로 그 이미지가 구체적으로 무엇을 지시하는지는 사실상 모호하다. 그래서 문자로 쓴 계약서가 나중에 다른 말을 하게 되는 것이다.

아무튼 사라지는 음성언어가 아니라 '거기에' 있는 한자 안의 이미지는 그 자체가 존재로서 주체(문자 사용자)들에게 적절한 의미를 그때그때마다 생성시켜준다. 의미가 생성됐다면 이것은 엄밀한 의미에서 새로운 의미일 테고 새로운 의미라면 응당 새로운 글자를 만들어 표상하는 것이 원칙이다.(전주를 상기하기 바람.) 그러나 글자를 더 만들지 않고 '거기에' 있던 글자를 그대로 빌려서 표기하다 보니까 결과적으로는 부가적인 의미가 파생된 것처럼 보이게 된다. 이것이 육서 중 가차의 본질이다. 좀 복잡하게 설명을 했는데, 이것을 실제 한자에서 예를 들어보기로 하자.

'근심 우(憂)' 자를 전서로는 '𢖻'로 쓰는데, 이는 〈그림 30〉처

럼 사람이 탈을 쓰고 너울너울 춤추는 모
양의 이미지를 가진 글자이다. 이것이 음
소문자라면 다른 기표의 도움을 받아야
(정확히는 '지시를 받아야') 의미가 결정되
겠지만, 자체가 춤추는 사람을 그린 이미
지로 존재하므로 다른 기표의 지시 없이
도 스스로 의미를 생성한다. 우선 이미지
는 지시 대상이 '춤추는 광대'임을 말해준

〈그림 30〉

다. 그러므로 이 글자의 본래 의미는 '광대'로부터 시작했음을 알
수 있다.

가차는 새로운 개념이 생겨도 새로이 글자를 만들지 않고 기존
의 글자에 기대서 표상하는 방법이다. 그러다 보니 하나의 글자에
의미 항이 다수 존재하게 되므로 혼동을 가져오는 경우가 자주 생
겼다. 그래서 나중에는 따로 글자를 만들어 종종 독립하기도 했는
데, 이 '우(憂)' 자의 경우가 그러하다. 즉, 다음에 이어서 설명하
겠지만, '우(憂)' 자에 가차 의미가 늘어나 혼란스러워지자 본래
의미인 '광대'는 따로 글자를 만들어 독립하게 되었으니 이 글자
가 바로 '배우 우(優)' 자이다. 이렇게 새로운 글자가 파생된 것을
전주라 부른다는 것은 앞서 설명한 바와 같다.

'우(憂)' 자의 이미지가 '춤추는 광대'라면, 거기에는 광대가 춤
출 때 입는 품이 넓은 의상이 존재할 것이다. 품이 넓다는 것은 넉

넉함을 뜻하고, 넉넉함은 곧 '우수(優秀)함'을 의미한다. 그래서 '우(憂)' 자가 '우수하다'라는 의미를 대신 표상하게 된 것이다. 이 의미는 파생된 '우(優)' 자에도 그대로 반영돼 있다.

춤추는 광대의 이미지에는 또한 광대의 부드러운 춤사위가 존재한다. 춤사위가 부드럽기 위해서는 온몸의 힘을 빼서 축 늘어지게 만들어야 한다. 그래서 '우(憂)' 자와 '부드러울 유(柔)' 자의 자음이 같은 것이니, 이는 두 글자의 형태, 즉 속성이 같다는 것을 알 수 있다. 여기서 더 나아가 몸이 축 늘어진 사람은 근심에 찬 사람의 모습이므로 '우(憂)' 자는 다시 '근심하다'라는 의미에 글자를 빌려주게 된 것이다.

이상에서 본 바와 같이 '춤추는 광대'라는 이미지의 존재로부터 생성된 의미들은 새로운 글자들을 따로 만들지 않고 모두가 본래의 글자인 '우(憂)' 자를 빌려 쓰고 있다. 따라서 '우(憂)' 자에 ① 춤추는 광대, ② 우수하다, ② 근심하다 등의 의미 항들이 추가돼온 것처럼 보인다. 이것이 가차가 발생하게 된 과정이자 한자가 표의를 위해 갖고 있는 메커니즘인 것이다.

다시 '어지러울 란(亂)' 자를 통해 이 사실을 확인해보기로 하자. '란(亂)' 자를 금문(金文)에서는 ' ', 전서에서는 ' '으로 각각 쓴 것처럼, 고문자에서는 오늘날 해서에서 보이는 '새 을(乙)' 변이 없었다. '을(乙)'을 변으로 붙여서 이체자가 만들어진 것은 이보다 후대의 일이다. 이 변의 모양도 원래부터 '을(乙)' 자는 아니었고, 금문의 이체자인 '❀' 자에서 알 수 있듯이 이는 사람이 등을 구부리고 앉아서 뒤엉킨 실을 다듬는 모양을 그린 것이다. 아무튼 '란(亂)' 자는 사람이 쪼그리고 앉아서 위아래의 두 손으로 가운데의 뒤엉킨 실타래를 풀어 정리하고 있는 모양의 이미지이다. 따라서 '란(亂)' 자의 이미지가 스스로 말해주는 의미는 '어지럽다'가 된다. 그런데 이 이미지에서 전혀 다른 존재가 인식될 수도 있으니, 그것은 두 손으로 정리하고 있다는 사실이다. 이 정반대의 '정리하다'라는 존재론적 의미의 생성이야말로 따로 글자를 만들어야 함에도 불구하고, 이를 본래의 글자를 빌려서 표상했으므로 '란(亂)' 자에 정반대의 의미인 '정리하다', '다스리다' 등의 의미가 생겨난 것이다. 그래서 결과적으로 '란(亂)' 자에 ① 어지럽다, ② 다스리다 등과 같은 정반대의 의미 항이 파생된 것처럼 보이는 것이다. 물론 의미 항의 출현 순서는 이미지의 존재에서 '다스리다'가 먼저 표상되고 '어지럽다'가 다음에 나왔을 수도 있다. 존재로부터의 표상이기 때문에 순서를 따지는 것은 기실 의미가 없는 일이다.

이상에서 우리는 한자가 어음을 표기하는 것 외에 의미를 표상하는 기능과 방식을 알아보았다. 가차의 표의 방식은 존재로부터 의미를 표상해내는 것이기 때문에 정확하게 말하자면 파생은 아니지만 결과적으로 파생처럼 보인다. 왜냐하면 가차의 표의는 기존의 한자(단어)를 빌리는 것인데, 이 빌려주는 한자도 근본적으로 속성을 표시하는 방(표음부)이 그 중심을 차지하고 있으므로 가차도 어음을 벗어날 수 없기 때문이다. 따라서 모든 한자는 한어의 음운체계라는 보이지 않는 끈을 따라서 거대한 파생적 그물 조직 안에 엮여 있게 된다.

## (4) 한자의 계열화와 사물의 조직화

한자도 다른 기호와 마찬가지로 시각 및 청각이미지를 재료로 하여 외시의미(denotation : 1차적 의미)를 만들고, 또한 이로부터 함축의미(connotation : 2차적 의미)로 확장해나감으로써 사물에 대한 목적론적인 관념을 설득력 있게 형성한다. 그런데 이 관념이 목적론적이라는 생각이 잘 들지 않는 것은 한자의 입장에서 주체(문자 사용자)를 바라보며 목표로 유혹하는 응시의 시선이 자연스럽게 은폐돼 있기 때문이다. 그래서 한자가 말하고자 하는 대타자의 담론이 결국 누구의 이익을 위해서인가가 쉽게 감지되지 않고, 단지 당연한 이치(헤게모니)로 인식되는 것이다. 이를테면 앞서 예로 든 자식[子]이 노부모[老]를 업고 있는 상징적 모양의 '효(孝)' 자의 자형은 이 글자를 보는 사람으로 하여금 효도하려면 노부모를 업고 다녀야 할 것 같은 의무감을 불러일으킨다. 이것은 분명 문자라는 대타자가 유혹하는 욕망이자 권력의 담론이지만 자형이라는 시각적 상징이 너무나 형상적이어서 (효에 대한) 이러한 개념이 정당한 것인지, 또는 효를 이렇게 실천하라고 하는 사람이 누구인지에 대하여 의심을 품지 못하게 한다. 우리는 사물을 인식할 때 개념이나 이미지를 통해서 하게 되는데, 한자의 인식 기능은 후자에 주로 의존한다. 한자에서 사용하는 이미지에는 시각이미지와 청각이미지가 있는데, 앞서 형상적이라고 표현한 것은 시각이미지뿐만 아니라 청각이미지도 포함한다. 이를테면, '효(孝)'의 독음은 '본받을 효(效)' 자를 떠올리게 하는데 이 글자로부터 우리는 효도란 '당연히 본받아야 할 행위', 또는 '바람직한 결과나 효험을 가져오는 행위'로 인식하게 되기 때문이다.

따라서 사물의 의미를 이미지로써 규정해주는 한자의 메타 인식 기능은 이데올로기를 당연한 이치로 여기도록 유포하는 데 매우 유리하다. 이것이 한자가 권력에게 매우 매력적일 수밖에 없는 까닭이다. 앞서 말한 바와 같이 세계는 묘사에 의해서 구축되는 것이고 이 묘사는 합리성보다는 오히려 감성에 호소할 때 설득력을 갖는다. 따라서 감성적 인식에 주로 의존하는 한자의 시·청각이미지가 세계를 구축하는 힘은 신화성을 띨 수밖에 없는 것이고 이것은 다시 이데올로기를 깊이 각인시킨다. 레비 스트로스(Claude Levi-Strauss)는 신화를 "거친 현실을 극복하고 사물의 질서를 도모하는 논리적 도구"라고 정의했다. 다시 말해서 인간 앞에 던져진 카오스의 실재 세계를 사람이 살 수 있는 문화적 공간으로 만들려면 사물을 분절해서 창조하고 사물들 간의 관계와 질서를 부여해서 자신들의 세계를 구축해야 하는데, 과학적 사유 능력이 덜 발달했던 고대인들에게 신화적 사유는 매우 중요한 논리적 도구로 작용했다는 뜻이다. 이렇게 만들어진 신화는 체제 이데올로기를 사회 구성원들의 뇌리에 흔적으로 남기는데, 이렇게 함으로써 신화가 구축해놓은 현실을 당연한 것으로 여기는 헤게모니가 획득된다. 한자의 경우 이러한 메타 인식적 기능은 시각이미지와 청각이미지의 차원에서 각각 일어나고 있다. 시각이미지의 차원이란 앞에서 설명한 바 있는 이미지 자체로부터 존재론적으로 의미를 생성해내는 가차를 뜻하는 것이고, 청각이미지의 차원이란 한자의 독음을 따라 속성이 구체적인 사물로 발현되는 전주를 각각 지시하는 것이다.

가차가 존재론적으로 의미를 생성하게 되는 것은 시각이미지의 존재 때문인데 이는 이미지가 원본 대상과의 유사성, 즉 동기가 높다는 데서 비롯된다. 그러나 존재라는 것은 존재의 어느 부분을 지시하느냐에 따라서 그 의미가 전혀 달라질 수 있다. 그럼에도 불구하고 존재와 동기가 높은 이미지에서 비롯됐다는 이유때문에, 그 (기실 부분적인) 의미는 원의(原義), 또는 본의(本義)가되어 여러 가지 메타적 해석을 가능하게 한다. 여기서 메타적 해석이란 주체(문자 사용자)가 문자의 의미를 자신이 의도한 대로 규정하는 행위를 말한다. 이때 규정된 의미가 글자의 이미지와 너무동떨어져 있거나 내심의 의도(이데올로기)가 너무 드러나 보이면 신뢰도가 떨어지므로, 최대한 원본 대상과의 유사성을 객관적으로 유지하면서 의도를 드러내지 않는 해석이 훈고의 기술인 것이다. 바르트는 일찍이 텍스트가 저자의 손을 떠나는 순간 저자는 죽는다는, 이른바 '저자의 죽음'을 설파했다. 한자도 매 글자를 처음 만들 때마다 그에 해당하는 원의나 본의는 있었겠지만 그 글자가 저자를 떠나 유통되는 순간 저자가 의도했던 원의는 사실상 잊혀서 사라진다. 그렇기 때문에 저자가 없어진 한자를, 사용자가 글자의 이미지, 즉 자형(字形)에 따라 갖가지 문법으로 재구성하면 다양한 해석(version)이 생길 수밖에 없다. 글자의 자형만을 보고 자의를 마음대로 꾸며낸다는 이른바 '망형생의(望形生義)'는 이 때문에 가능했다. 이를테면, 어떤 이는 '나라 국(國)' 자를 '에워쌀 위(囗)', '입 구(口)', '창 과(戈)' 등으로 자형을 나누고는 이 글자가 국가의 3요소인 '땅〔囗〕', '인구〔口〕', '주권〔戈〕'을 상징하는 의미로 만들어졌다고 해석하는데, 이것이 '망형생의'의 대표적인 예이다. 뿐만 아니라 자형을 통해서 자의를 찾아야 한다는 '이형색의(以形索義)'의 청대 훈고 방법도 기실 여기에 기초한 것이다. 이를테면, '향할 향(向)' 자를 《설문》에서는 다음과 같이 풀이했다.

'향(向)' 자는 '북으로 낸 창문'이라는 뜻이다. '집 면(宀)' 자와 '입 구(口)' 자로 이루어진 회의자이다.

(向, 北出牖也. 從宀, 從口.)

'향(向)' 자의 원의가 '북으로 낸 창문'이라는 것은 이 글자가 집을 뜻하는 '면(宀)'과 창문의 모양인 '구(口)'로 이루어졌으므로 이 두 개의 자형으로부터 의미를 찾아낸 결과인데, 이런 방식으로 자의를 추구하는 것을 '이형색의'라고 한다. 그런데 여기서 주의할 점은 자형을 관찰할 때에는 그것이 필의(筆意)인지 필세(筆勢)인지를 판별해야 한다는 것이다. 필의란 자형의 필획에 최초 글자를 만들 때의 원래 의미가 남아 있는 것이고, 필세란 필획이 너무 많이 변해 애초의 의미를 알아내기가 어려워진 경우를 말한다. 예를 들면, '나무 목(木)' 자나 '수레 거(車)' 자 등은 자형을 보고 의미를 유추할 수 있으므로 필의에 해당하고, '백성 민(民)' 자나 '가죽 혁(革)' 자 등은 고체자로부터 자형이 너무 많이 변했기 때문에 그 필획에서 의미를 유추하기가 쉽지 않으므로 필세에 속한다. 그러므로 서체가 고체자(古體字)로 올라갈수록 필의가 많아지고 금체자(今體字)로 내려올수록 필세가 많아지기 마련이다. 따라서 필세를 보고 의미를 유추했다가는 앞서 말한 망형생의를 면치 못하게 된다. 그렇다면 '망형생의'와 '이형색의'는 자형을 통해 의미를 추구한다는 점에서는 같지만, 전자는 필세에만 의존하고 후자는 필의를 탐구한다는 점에서 해석의 차이를 보이고 있음을 짐작할 수 있다.

이렇게 자형의 재구성에 의해 원의가 메타적으로 규정되면 시각이미지와 그 원본 대상 사이의 핍진한 유사성 때문에 텍스트를 해석할 때 다른 해석을 배제하는 힘이 커서 헤게모니를 장악하는

데 매우 유리하게 된다. 이를테면, '어질 인(仁)' 자를 '두 이(二)' 자와 '사람 인(人)' 자로 구성된 글자로 보고 '두 사람 간의 관계가 인(仁)이다'라고 규정하면 문자와 현실 사이의 유사성으로 인하여 '인'에 대한 다른 해석은 사실상 힘을 잃게 된다.

앞에서 우리는 한자가 청각이미지와 시각이미지를 통해서 파생과 의미를 확장하는 방식을 알아보았다. 이 방식을 수형도(樹型圖)로 그려보면 〈그림 31〉과 같이 가지치기가 그물처럼 뻗어나가고 있음을 볼 수 있다.

〈그림 31〉에서 보면, 우선 '우(憂)' 자가 '우(優)' 자를 파생시키면 이 '우(優)' 자는 다시 ① 배우, ② 넉넉하다 등의 의미를 대체 표기하면서 부가적인 의미 항을 파생시킨다. 다시 '우(憂)' 자의 독음에는 '축 늘어지다', '부드럽다'라는 속성이 내포돼 있으므로

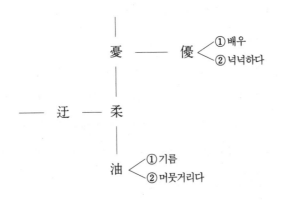

〈그림 31〉 한자 및 의미 파생의 수형도

'부드러울 유(柔)' 자와 어음(형태)상으로 연결된다. 이 '유(柔)' 자는 같은 독음의 '기름 유(油)' 자와 다시 관련을 갖는다. '유(油)' 자의 어음 속성에는 '부드럽다'가 있으므로 '기름'이라는 의미 외에 '머뭇거리다'라는 대체 의미 항을 파생시킨다. 왜냐하면 성격이 부드러운 사람은 단호한 결정을 내리지 못하기 때문이다. 다른 한편으로 '유(柔)' 자는 다시 '멀 우(迂)' 자와 파생 관계를 갖는데, 이는 두 글자의 어음이 '직설적이지 않다'는 속성을 공유하기 때문이다. 여기서는 지면 관계상 '우(憂)', '우(優)', '유(柔)', '유(油)', '우(迂)' 등 몇 글자에만 국한해 파생 관계를 그려보았지만, 각 글자들은 이런 방식으로 상하좌우로 가지치기를 해나가 나중에는 한자 전체를 그물처럼 엮을 수 있다.

이와 같이 파생과 의미의 확장은 궁극적으로 소리(자음)를 따라 이루어지는 것을 확인했는데, 이 사실은 곧 한자의 의미 체계가 중국어(한어)의 음운(시니피앙) 체계의 질서대로 짜여 있음을 의미한다. 위의 수형도는 파생과 확장의 모습을 일부분만을 보여준 것이지만 전체 한자들은 이런 식으로 연결되어 그물망을 조직하고 있다. 원칙적으로 하나의 한자는 하나의 단어를 표기하고, 하나의 단어는 곧 하나의 사물을 지시하므로 한자들이 그물망을 조직하고 있다는 것은 곧 모든 사물들이 하나의 질서 체계로 조직돼 있음을 시사한다.

그리고 일정한 시니피앙을 중심축으로 보면 그 주변에 놓인 유

144

사한 독음의 한자(사물)들
은 그 청각이미지가 갖는
형태, 즉 속성을 갖거나 그
에 수렴한다는 사실도 알
수 있다. 그래서 한자에는
자음이 같으면 자의도 비
슷하거나 가깝다고 하는

〈그림 32〉 도리옥

이른바 음동의근(音同意近)의 원칙이 있다. 그 실례를 '도리옥 원
(瑗)' 자를 갖고서 설명해보기로 하자.

'원(瑗)' 자는 '구슬 옥(玉)'을 변으로 하고 '끌 원(爰)'을 방으로
하는 형성자이다. '원(爰)' 자의 독음은 '끌 인(引)'과 같은 계열이므
로 이 자음의 속성은 '끌다'라는 형태임을 알 수 있다. 따라서 '원
(瑗)' 자의 자형적 의미는 끌어당길 때 사용하는 옥이란 뜻이 된다.
도리옥이란 〈그림 32〉에서 보는 바와 같이 둥근 고리 모양의 옥으
로서, 황제가 계단을 오를 때 내관이 감히 황제의 손을 직접 잡을
수 없으므로, 이 옥을 잡게 한 후 끌어 모셨던 도구이다. 쉽게 말해
서 오늘날 에스컬레이터의 추형(雛形)이라고 보아도 무방할 것이
다. 이 '원(爰)'과 '인(引)'의 동일한 형태(자음)가 공유하는 속성이
바로 '음동의근'의 좋은 예가 된다.

'음동의근'의 원칙은 중국의 언어생활에서도 흔히 발견할 수
있다. 중국의 거리를 다니다 보면 대문이나 현관 앞에 '복(福)' 자

〈그림 33〉

를 거꾸로 붙여놓은 것을 볼 수 있는데, 이는 '복이 이 문을 통해서 들어오기를 바란다'는 기원을 의미한다. 왜냐하면 '복(福)'자가 거꾸로 돼 있다는 말은 중국어로 '푸다오(福倒)'인데, 이는 '푸다오(福到)', 즉 '복이 오다'라는 말과 발음이 같으므로 이렇게 한 글자를 뒤집음으로써 간단히 상징할 수 있는 것이다.

또한 중국의 고궁이나 전통 가옥의 정원에 들어가 보면 바닥에 다섯 마리의 박쥐 문양을 새겨 놓은 것을 볼 수 있다.(《그림 33》) 그리고 춘절(春節), 즉 설이 되면 고궁의 정원에 들어가 다섯 마리의 박쥐 문양을 차례로 밟는 행사를 한다. 중국인들은 다섯 가지의 복을, 우리도 그렇게 부르지만, 오복(五福)이라고 한다. 박쥐를 중국어로 '비엔푸(蝙蝠)'라고 하는데, 여기서 '박쥐 복(蝠)'자가 '복 복(福)'자와 독음이 같고 '박쥐 편(蝙)'자는 '두루 편(遍)'자와 독음이 같다. 따라서 '편복(蝙蝠)'은 '편복(遍福)', 즉 '다섯 가지 복을 두루 받다'라는 의미를 상징하게 된다.

우리도 그렇지만 중국인들은 결혼식에서 폐백을 드릴 때에 신랑신부에게 대추와 밤을 던져주는 관습이 있다. 우리는 이 관습을 그저 아들딸 많이 낳아 잘 기르라는 격려 정도로 알고 있는데, 여기에도 '음이 같으면 의미도 가깝다'는 한자의 원칙이 작용하고 있다. 즉, 대추를 중국어로 '짜오(棗)'라고 하는데 이는 '일찍이'라는 뜻의 '짜오(早)'와 발음이 같다. 그리고 밤을 '리(栗)'라고 하는데 이는 '서다'라는 뜻의 '리(立)'와 독음이 같다. 그러니까 대추와 밤을 주는 것은 '짜오리(早立)', 즉 결혼을 했으니 일찍 자식도 낳고 재물도 모아 행복한 가정을 세우라는 격려의 의미가 되는 것이다.

임금을 비롯한 존장(尊長)들의 이름을 함부로 부르지 못하게 하는 피휘(避諱)라는 금기도 따지고 보면 이 '음동의근'에서 비롯된 결과이다. 즉, 함부로 이름을 부르다 보면 듣기에 좋지 않은 의미의 동음 문자를 연상할 수 있기 때문이다. 그러면서 금기는 부수적으로 그 이름의 주인에게 신비한 권위의 아갈마(agalma)를 만들어주기도 한다.

중국어에서 '정(正)'은 원래 성조를 제4성으로 읽어야 하는데, 1월을 뜻하는 '정위에(正月)'에서는 평성(제1성)으로 읽는다. 이 관습은 진시황 때부터 시작되었다고 전해진다. 1월을 '정월'로 쓰는 것은 출정(出征)을 나가듯이 새해 첫발을 내딛는다는 의미이다. 즉, '정(正)' 자는 '칠 정(征)' 자의 의미로 쓴 것이다. 당시에 두 글자는 모두 거성(제4성)으로 읽었다. 진시황이 황제에 즉위한 후 자신과 제국의 안위에 무척 불안감을 가졌던 것은 잘 알려진 사실이다. 그래서 그는 민중과 지방 토호들의 반란에 매우 민감했다. 그런데 진시황은 자신의 이름이 '바로잡을 정(政)' 자인 것이 못내 찜찜했다. 왜냐하면 '정(政)' 자는 '두드릴 복(攵)'을 변으로 하고 '바를 정(正)'을 방으로 하는 형성자(거성)로서 자형적 의미가 '두드려

패서 바로잡다'가 되는데, 이는 곧 '칠 정(征)' 자와 같은 속성을 가지면서 '진시황 정을 토벌하다'라는 의미를 연상시키기 때문이다. 이에 불안을 느낀 진시황은 정월의 '정(正)' 자와 '정(征)' 자를 거성에서 평성으로 고쳐 읽도록 했다는 것이다. 우리나라에서도 대구광역시의 지명을 원래는 '대구(大丘)'로 썼었는데 '언덕 구(丘)' 자가 공자의 이름과 같으므로 영남의 유자들이 이를 피휘해서 '언덕 구(邱)' 자로 고쳤다는 이야기는 잘 알려져 있다.

이외에도 피휘에 관한 이야기는 셀 수 없을 정도로 많은데 이는 중국인들의 이러한 관습과 사고의 보이지 않는 이면에 바로 '음동의근(音同義近)'의 원칙이 자리 잡고 있기에 가능했다. 이렇게 사물을 속성으로 규정해서 하나의 질서 안에 편입한 것은, 사물의 본질에 의거한 것이 아니라 표상(representation)이라는 점에서 권력의 행사인 것이다.

이상에서 살펴본 바와 같이 한자의 파생과 의미의 확장이, 어음이라고 하는 보이지 않는 끈을 따라 이루어지고 있다는 사실은 사물의 개체화가 시니피앙을 매개로 진행됨을 의미한다. 여기서 개체화란 카오스 상태에서 분절이 일어나 단어(한자)로 자리를 잡는 과정을 의미하는데, 여기서 단어란 곧 사물을 가리킨다. 전주와 가차에 대한 분석에서 보았듯이 분절은 언어의 소리에 따라서 이루어지므로 언어가 사물을 개체로 창조한다고 말하는 것이다. 우리 속담에도 "'아' 할 때 다르고 '어' 할 때 다르다."는 말이 있지

148

않은가? 아무튼 이렇게 만들어진 사물들은 자연히 한어의 음운체계에 따라서 계열화하게 돼 있다. 따라서 사물의 개체화는 계열화를 통해서 궁극적으로 사물들을 하나의 구조적인 틀 속에 편입시켜 전체적인 조직을 구성한다. 개체화가 역설적으로 전체화의 도구가 되는 셈인데, 이는 레비 스트로스가 "고유명사의 제조는 개체의 독립성을 말소하는 것"이라고 설파한 경구로도 증명된다.

우리는 이름이야말로 유일무이한 자신을 표상하는 나만의 기호라고 생각한다. 오로지 나만의 것이어야 하므로 이름을 지을 때 어떻게든 다른 사람의 이름과 중복이 되지 않게 하려 한다. 어쩌다 같은 이름을 가진 사람을 만나면 기분이 별로 유쾌하지 않은 것은 이 때문이다. 그런데 이름이 유일무이한 자신의 품성이나 지향하는 인품을 표상하는 것 같지만 이름을 분석해보면 이와는 거리가 있음을 알 수 있다.

예를 들어, '박이호(朴利浩)'라는 이름을 갖고서 분석해보기로 하자. 우선 '박(朴)'은 성(姓)으로서 가문을 표상하는 것처럼 보이지만, 기실 김씨, 이씨, 최씨 등 다른 성씨들과 변별하는 기능을 수행할 뿐이다. 만일 '박'이 표상하기 위한 것이라면 그 표상의 내용이 도대체 무엇이란 말인가? 성이 '박'이라는 것은 '김씨'도 아니고, '이씨'도 아니고, '최씨'도 아니라는 말이다. '박(朴)'자가 '순박하다'라는 뜻이라 해서 박씨 성을 가진 사람을 순박함을 추구하는 가문 출신이라고 여기는 사람은 아무도 없다.

다음으로 이름의 마지막 글자인 '호(浩)'를 먼저 보자. '호'는 이 가문의 이른바 항렬(行列)을 지시하는데, 이는 박씨 가문 내의 종적 서열을 변별한다. 시간이 지남에 따라 가문의 계보나 지파가 많이 갈라지면 같은 가문 내에서도 듣도 보도 못한 낯선 사람이 생겨나기 마련이다. 이럴 경우 종적 서열을 추적할 길이 없어 위아래가 모호해질 것 같지만 그럴 염려가 없는 것이 이 항렬만 확인하면 누가 윗세대인지 누가 아랫세대인지 금세 알 수 있다. 이를테면 이 가문에서는 오행(五行)의 서열로 항렬을 제정하는 원칙을 정했는데, 만일 항렬이 '근(根)'인 사람을 만났다면 금세 자신이 서열상 윗세대라는 사실을 알게 된다. 왜냐하면 오행의 순환에서 물[水]은 나무[木]를 낳으므로 '물 수(水)'가 변으로 들어간 '호(浩)' 자가 '나무 목(木)'을 변으로 하는 '근(根)' 자보다 앞에 오기 때문이다. 그러므로 항렬자도 '나'를 표상하지 않는다.

그렇다면 가운데 글자인 '리(利)'는 어떤가? 박이호 씨의 부친은 결혼하자마자 앞으로 낳을 자식들의 이름을 짓기 위한 원칙을 정했다. 그는 평소 동양철학의 기본 텍스트인 《주역》을 좋아했으므로 그 첫 구절인 '원형리정(元亨利貞)'을 자식들의 이름에 차례로 넣기로 마음먹었던 것이다. 그는 마침 아들만 넷을 낳았으므로 첫째 아들은 원호(元浩), 둘째를 형호(亨浩), 셋째를 이호(利浩), 넷째를 정호(貞浩)라고 각각 이름을 지어주었다. 우리가 예로 든 '박이호'는 말할 것도 없이 셋째 아들임을 쉽게 알 수 있다. 결국 두 번째 글자도 '나'를 표상하는 것이 아니라 친형제 사이의 서열을 변별하는 기능을 수행하는 것에 지나지 않았던 것이다.

이처럼 이름을 짓는 것은 '나'의 개체성을 등록하는 행위처럼 보이지만 기실 가족이라는 사회 조직 내에서 나의 위치만을 표상하는 좌표 기능만 하는 것이다. 요즘은 예쁜 이름을 짓는다고 '하나', '두나', '세나' 등으로 부르기도 하지만 이것 역시 근본적으로 변별 기능을 벗어나지는 못 한다.

푸코(Michel Foucault)는 일찍이 국가라는 '정치적 형식'의 효과는 '개별화하는 동시에 전체화' 하는 데 있다고 설파했다. 시민을 개별화하는 것이란 다름 아닌 시민 개개인에게 주민등록번호를 부여하는 일이다. 이 주민등록번호는 결코 중복되지 않는 것이기 때문에 시민을 개별화하는 것처럼 보이지만 개인을 일련번호의 상징체계를 통해서 국가 체제라는 틀에 편입시키는 행위이므로 기실 전체화가 된다. 고유번호가 역설적이게도 시민을 국민으로 만드는 것이다. 한자가 한어의 음운체계를 매개로 하여 사물에 질서를 부여하고 하나의 전체적인 틀로 엮는 것 역시 국가가 개인들에게 고유번호를 부여함으로써 국민의 일원으로 등록시키는 일과 같은 효과를 발생시킨다. 이처럼 이름과 번호를 부여하는 개별화는 궁극적으로 개인의 개체성과 독립성을 말소하는 행위가 된다. 이것이 바로 한자가 지배하는 권력의 본질이다.

이처럼 한자는 자신의 질서대로 사물을 창조하고 조직함으로써 세계를 대리, 보충한다. 그러므로 중국을 비롯한 동아시아 사람들이 인식하고 사는 세계는 기실 한자가 재현(또는 표상)한 세계이고, 따라서 그 세계의 질서는 다름 아닌 한자의 질서를 뜻한다. 누군가가 한자를 체계적으로 정리했다면 그것은 세계를 재현했다는 말에 다름 아니다. '체계'라는 말이 객관성을 띠는 것처럼 보여서 재현이 아니라 기술(describe)했을 뿐이라고 반박하는지 모르지만, 어떠한 기술도 그것이 언어인 이상 자의성을 피할 수는 없다. 자의적으로 세계를 기술했다면 그것은 곧 권력이 아닌가? 앞에서 살펴보았듯이 허신은 부수(部首)라는 개념을 도입해 한자를 체계적으로 정리하여 《설문》을 편찬했는데, 이것이 중국 최초의 자전이라는 학술적 의미를 넘어 역사적 의미를 갖는 것은, 물리적 힘이 아닌 문화적 역량으로써 견고한 세계관을 창조하여 통치의 틀을 만들어냈기 때문이다. 이 틀은 완성도가 너무 높아서 이후 중국이 정체성을 크게 도전 받지 않고 체제를 안정적으로 유지해오는 데에는 크게 기여했지만, 한편으로는 다른 대안적 세계를 고안해내거나 받아들이는 데에는 큰 걸림돌이 된 것도 사실이다. 왜냐하면 속성이니 이미지니 하는 것은 궁극적으로 감성에 기초한 사고이므로 사물을 분석적으로 보는 이성적 사고에는 취약하기 때문이다. 대안적 세계가 이미지로 구축된 세계를 밀어내고 대체하기란 거의 불가능에 가깝다. 이른바 한자문화권에 거주하는 사람들은 이 사실을 직시할 필요가 있다.

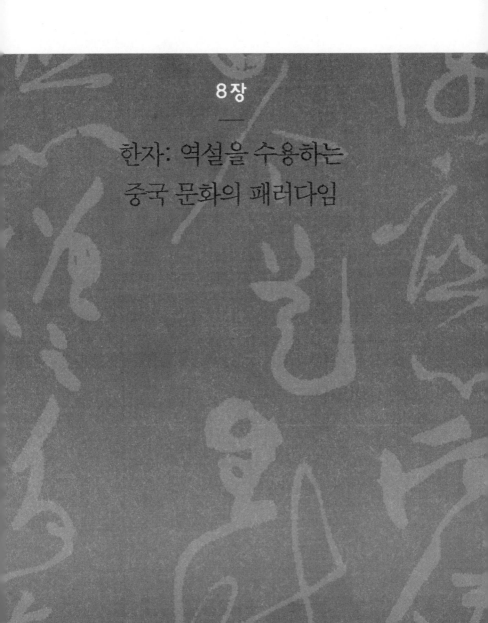

8장

—

한자: 역설을 수용하는
중국 문화의 패러다임

문화를 거칠게 정의해 한 사회적 집단이 자연을 극복하고 생존을 이어가는 생활양식이라고 한다면, 문화가 다르다고 말하는 것은 각 집단마다 자연을 보는 관점과 삶의 방식이 다르다는 것을 의미한다. 그렇다면 무엇이 관점과 방식을 다르게 만들었는가 하는 의문이 든다. 구조주의에서는 차이의 조건을 언어에서 찾는다. 그러니까 언어가 문화의 형태를 찍어내는 거푸집이 되는 셈이다. 앞에서 밝힌 바 있듯이 한 사회집단의 문자는 그들이 사용하는 언어와 밀접한 관계가 있다. 따라서 문자 생활도 역시 그 집단의 문화 형성에 큰 영향을 미치지 않을 수 없다. 시·청각적 자료를 십분 활용하는 한자의 경우는 특히 그렇다고 할 수 있다.

중국은 광활한 대륙을 통일적으로 통치하기 위해 관념적 틀인 이치를 중시했다. 그런데 이치란 어디까지나 하나의 상징체계이기 때문에 극복할 수 없는 모순을 안고 있다. 상징이란 카오스에서 그물처럼 건져 올린 하나의 틀에 지나지 않기 때문에 이것이 전부는 아니다. 따라서 이 틀에서 빠져나간 부분들이 잉여의 상태로 상징 주위를 배회하다가 돌발 상황을 만들어 상징체계를 뒤흔들어놓는다. 극히 일부에 지나지 않는 상징이 마치 전체인 양 지배하게 되면 언젠가는 이 거짓이 쌓여서 상징의 허구성이 스스로 드러나게 되는데, 이 시점에서 지양(止揚)이 일어나고 헤겔의 역전이 가능해지는 것이다. 이것이 모순의 본질이다. 이를테면, 자본주의 사회에서는 프롤레타리아트가, 프롤레타리아 독재에서는 부르주아지가 각각 잉여가 되어 모순을 발생시킨다. 이 모순이 결국은 혁명으로 발전하는 것이므로 하나의 체제가 안정을 유지하려면 이 모순을 어떻게든 완화시켜야 한다.

중국에는 역사의 흐름을 뒤바꿀 만큼 획기적인 혁명이 없었던 것이 사실이다. 혁명이 없었다는 것은 잉여가 세력화되지 않도록 모순을 적절히 흡수해왔다는 의미로 해석할 수 있다. 왜냐하면 혁명이란 일종의 역전 현상으로서 이는 모순이 해결되지 않은 채로 충분히 쌓였을 때 일어나는 것이기 때문이다. 종교성을 강조하는 사회에서 이성적 사상이 싹트고, 이성적인 것을 추구하는 사회에서 종교적 경험을 하게 되는 것은 종교와 이성이 각각 해결하지 못하는 모순이 누적됐을 때 궁극적으로 봉착하는 결과 때문이 아니던가. 중국에서는 중용사상이란 게 있어서 역사가 극단으로 발전하지 않도록 최대한 연기시키는 기능을 수행했는데, 기실 이것

때문에 중국의 문화는 그렇게 종교적이지도, 또한 이성적이지도 않은 속성을 갖게 되었다고 볼 수 있다. 그러니까 중용의 연기 기능은 이러한 모순을 흡수해서 역사의 발전이 극단적으로 흐르는 것을 억제하는 기능에 다름 아니었다. 중국인들이 중용이라는 지혜를 고안한 것은 바로 한자를 사용하는 가운데 터득한 결과라고 해도 과언이 아니다. 그렇다면 한자의 어떤 면이 모순을 흡수하는 중용의 밑거름이 되었단 말인가?

앞서 설명한 바와 같이, 이치란 우주만물을 움직이는 당위적이고도 투명한 도리처럼 보이지만 사실은 카오스로부터 체계적으로 건져진(또는 만들어진) 상징체계에 불과하다. 따라서 상징 주변에는 언제나 여기에 흡수되지 못하는 잉여의 부분들, 즉 모순이 배회하면서 상징체계에 역설이 발생할 수 있도록 위협한다. 앞서의 잉여 부분이란 실재계를 지칭하는 것인데, 이는 상징계 밖에 있는 것이 아니라, 상징계 자체이면서도 단지 전부가 아닌 양태로 존재할 뿐이다. 앞에서 "극히 일부에 지나지 않는 상징이 마치 전체인 양 지배한다."고 쓴 말은 바로 이를 가리킨다. 이를테면, 일부 부유층에 유리한 법(법은 대표적인 상징체계임)이 있다고 하자. 이 법의 혜택을 받는 사람은 상징체계에 속하게 되지만—달리 표현하면, 그 상징체계 속에서 자신의 자리를 차지하게 되지만—그렇지 못한 사람은 잉여 부분이 된다. 그렇다고 해서 잉여가 이 법에서 완전히 배제되는 것은 아니고 법의 주위에 배회하는 상태로 있으므로, 이 법은 전부를 커버하지 못한 채로 존재하는 실재계이자 상징체계가 되는 것이다. 그러니까 잉여 부분이 커지면 상징체계가 부여하는 권력 관계에 실질적인 반전이 일어나게 되는데 이것이 바로 헤겔의 이른바 주인과 노예의 변증법이다. 권력은 실재계를 상징화하여 특정 계급이나 계층에게 유리한 체제로 고정시키고 싶겠지만 이는 근본적으로 불가능하다.

언어도 투명성을 확보하기 위한 논리적인 상징체계이다. 이러한 언어에 역설이 언제나 존재함을 잘 말해주는 대표적인 예가 바로 저 유명한 크레타 시인 에피메니데스(Epimenides of Knossos)의 역설이다. 즉, 이 시인이 "크레타 섬 사람들은 모두 거짓말쟁이다."라고 말했는데 그렇다면 이 사람의 말은 참일까 거짓일까? 이 시인이 참을 말했다면 이 명제는 거짓이 되고, 반대로 거짓을 말했다면 참이 된다.

이처럼 모든 상징체계는 역설이 불가피하다. 이치도 상징체계에 속하므로 이러한 역설의 딜레마를 피할 수 없을 텐데, 중국은 이치를 통치 이데올로기의 근간으로 삼았음에도 어떻게 역설을 피해올 수 있었단 말인가? 거칠게 결론부터 말하자면 그들은 역설을 배제하지 않고 안고 삶으로써 모순을 흡수해왔는데, 그 중심에 한자 패러다임이 있었다.

한자가 잉여의 모순을 흡수할 수 있었던 패러다임의 구조는 이러하다. 한자도 상징체계이기 때문에 어쩔 수 없이 틀에서 배제되는 잉여가 만들어지기는 한다. 그러나 앞에서 살펴본 바와 같이 한자의 표의 기능은 잉여를 완전히 배제하지 않고 체제 속의 존재로 인정함으로써 실재계를 커버하려 한다. 앞서의 '란(亂)' 자를 다시 보면 '헝클어진 실타래와 두 손'이라는 상황은 '어지럽다'를 상징하기도 하고, '다스리다'를 상징하기도 한다. 어느 쪽을 표상하더라도 다른 쪽은 배제되지 않은 채 여전히 문자 속에 존재하면서 실재계로 기능하고 있는 것을 볼 수 있다. 이것이 바로 상징으로써 실재계를 커버하는 한자 패러다임인 것이다.

중국 역사에서 이것이 가장 잘 반영된 사건이 한대에 유행했던 참위(讖緯)와 문자 수수께끼를 이용해서 미래를 예언한 측자술(測字術)이다. 참(讖)은 원래 민간에서 유행했던 길흉화복을 예언하는 미신적인 은어(隱語)였고, 위(緯)는 유가의 경전을 신의 이름으로 해석한 것이었는데, 나중에 이 두 가지가 권력투쟁에 활용되면서 참위로 합쳐졌다. 이를테면, 서한 말기에 당시 섭정이었던 왕망(王莽)은 "안한공 망이 황제가 될 것임을 고하노라.(告安漢公莽爲皇帝.)"라는 참문(讖文)을 퍼뜨려서 실제로 제위에 올라 신(新)이라는 정권을 세웠다. 이에 그 후 황족인 유수(劉秀)도 "유수가 군사를 일으켜 패악부도한 자를 체포할 것이며, 묘금(卯金)이 덕을 닦아 천자가 될 것이다.(劉秀發兵捕不道, 卯金修德爲天子.)"라는 참문을 퍼뜨려 정권을 다시 찾고 동한 정권을 세웠다. 여기서 '묘금'은 말할 것도 없이 '유(劉)' 자를 파자한 것이므로 한 왕조를 세운 '유(劉)씨'를 가리킨다. 이러한 미신적 행위가 사람들에게 먹혀들 수 있었던 것은 당시에 정치 불안, 관료들의 부정부패, 세금의 과중한 부과, 토지제도 붕괴로 인한 부의 편중 등 사회적 불안 요소로 인해 민중봉기가 빈번히 일어났으므로 백성들이 불투명한 미래를 담보할 근거를 욕망했기 때문이다. 이때 그럴듯한 참문과 그에 대한 해석이 등장하면 사람들은 불안한 나머지 그것이 속히 실현되기를 기다릴 수밖에 없는 것이다. 이 참문이 설득력을 가지려면 해석이 근거를 가져야 하는데, 이때 한자의 자형과 그 표의 기능은 매우 중요한 기능을 수행한다. 참위의 상당 부분이 문자 수수께끼에 가까운 문자참인 것은 이 때문이다.

　왕망은 제위에 오른 후에도 유씨가 다시 정권을 되찾는 노력을 시도할까 봐 매우 두려워하여 '유(劉)' 자를 기피했다. 당시 화폐 중에 금도(金刀)(〈그림 34〉)라는 게 있었는데, '금도(金刀)'가 '유(劉)' 자를 구성하는 글자라 하여 이름을 화천(貨泉)으로 바꾸게 했다. 그러자 어떤 이가 '천(泉)' 자를 '백수(白水)'로 파자하고는 장차 '백수진인(白水眞人)'이 나타나 한실(漢室)을 복원하고 한 왕조를 중흥시킬 것이라는 참을 만들어 퍼뜨렸다. 백수는 다름 아닌 당시 광무

〈그림 34〉 금도

160

제 유수가 살고 있는 지방의 이름이었다.

동한 말기에 동탁(董卓)이 낙양에 입성했을 때 성내에 "천리초가 참으로 푸르다마는 열흘이나 점을 쳐봐도 살아남지 못한다네.(千里草, 何青青, 十日卜, 不得生.)"라는 동요가 유행하고 있었다. 여기서 천리초(千里草)는 '동(董)' 자를, '열흘을 점을 치다'라는 '십일복(十日卜)'은 '탁(卓)' 자를 각각 해체한 것으로서, 이 노래는 동탁이 지금은 권세가 막강하지만 머지않아 최후를 맞을 것이라는 일종의 예언인 셈이었다. 과연 동탁은 여포에게 피살되었다.

혼돈의 상황에서 어떤 상징을 내세워 예언을 하게 되면 이것이 그대로 실현되는 경우를 종종 보게 된다. 이는 주체란 욕망의 시선으로 사물을 보기 때문에 실재를 보지 못한다는 사실에서 원인을 찾을 수 있다. 즉, 보이지 않는 실재에 상징을 만들어주면 그것을 통해서 비로소 볼 수 있게 되기 때문이다. 따라서 실재가 기표를 추인하는 것처럼 보일 뿐만 아니라, 이러한 상징의 제작이나 해석이 사람들에게 희망이 되는 것이다. 이 희망이야말로 잉여 부분이 상징체계 내의 존재로 흡수될 수 있는 가능성을 지칭하는 것이 아닌가? 또한 이는 기능적으로 보자면 오늘날의 언론과 유사한 것이므로 권력을 장악하려면 참위를 먼저 장악해야 했다. 그러나 참위는 잉여의 존재를 모두 커버하려는 상징체계이기 때문에 언제 반전이 일어날지 아무도 모른다. 다시 말해서 잉여의 존재인 실재계의 침범을 쉽사리 허용하기 때문에 정권에게는 매우 불안하고 위험하게 작용할 수도 있다는 말이다. 왕망이 참위로 황제가 되었지만 역시 참위로 멸망한 것이 그 예이다. 그래서 광무제는 정권을 잡은 후 이를 금지했다.

이후 참위는 역대 정권들도 철저히 금지해서 더 이상 유행하지 않았지만 민간에서는 측자술이라는 이름으로 모양만 바꾸어 여전히 전해 내려왔다. 이 측자술은 더욱 확실하게 잉여의 부분을 흡수하는 양상을 띤다. 명조(明朝) 말년의 다음 고사를 읽어보자.

명조 말년에 정치는 날로 어지러워지고 백성들의 삶은 날로 피폐해졌다. 농민 폭동은 하루가 멀다 하고 일어나니 숭정(崇禎) 황제는 밤낮으로 좌불안석이었다. 하루는 황제를 모시는 환관이 미복(微服)을 하고 민심을 살피러 저자로 나갔다. 길에서 측자로 점을 치는 어떤 점쟁이를 만나자 그가 '벗 우(友)' 자를 내놓고는 이것으로 점을 쳐보라고 했더니, 점쟁이가 "무슨 일에 대해서 점을 쳐드릴까요?"라고 물었다. 환관이 "국사(國事)에 대해 쳐보시오."라고 하니, "이 글자는 안 좋은데요. 반란을 꾀하는 도적들이 이미 출현했습니다."라고 대답하였다. 환관이 깜짝 놀라 말을 바꾸기를 "아니오, 내가 원래 점치려던 것은 '우(友)' 자가 아니라 '있을 유(有)' 자였소." 했다. "그렇다면 이 글자는 더 나쁘군요. '유(有)' 자는 '큰 대(大)' 자에서 반이 떨어져나갔고, '밝을 명(明)' 자에서 한쪽이 떨어져나갔으니, 대명

(大明)이 이미 반쪽이 없어진 것 아닙니까? 이 글자는 망국의 조짐입니다." 다급한 나머지 환관은 다시 말을 바꿨다. "아니오, 아니오, 내가 말하려던 것은 '술그릇 유(酉)' 자였소." 그랬더니 점쟁이는 무덤덤하게 "이 글자는 더더욱 안 좋아요. 천자는 지존(至尊)이신데, 지존의 머리는 이미 참수되고 다리도 잘렸군요."라고 말하는 것이었다. 환관은 더 이상 말을 잇지 못하고 돌아오는 수밖에 없었다.

점쟁이가 첫 번째로 내놓은 '우(友)' 자를 보고 '반란을 꾀하는 도적들이 이미 출현했다'고 말한 것은 '우(友)' 자가 '반(反)' 자의 머리 위로 약간 돌출돼 나온 모양과 같기 때문이었다. 두 번째의 '유(有)'를 보고 대명이 반쯤 망했다고 말한 것은 '유(有)' 자가 '육달월(月)'과 '오른손 우(又)'의 두 구성요소로 돼 있는데, 둘 다 온전하지 않은 상태로 결합돼 있는 모양을 하고 있기 때문이다. 세 번째의 '유(酉)' 자도 '높을 존(尊)' 자의 위아래가 모두 잘려나간 상태이므로 이렇게 대답한 것이다.

위의 고사를 통해서 측자술의 요체를 개괄하자면 문자에서 존재는 하지만 인식되지 않는 부분을 찾아내 해석하는 것이다. '우(友)', '유(有)', '유(酉)' 세 글자를 음성의 차원에서 보자면 모두 같은 음으로서 변별되지 않는다.(그래서 환관이 불리하다고 판단하면 말을 바꿀 수 있었다.) 환관이 아무리 말을 바꾸어도 점쟁이가 항상 같은 결론에 도달할 수 있었던 것은 문자 내의 한 점 한 획의 존재도 배제하지 않았기 때문에 가능했다. 이를테면, '우(友)' 자를 보고 "반란을 꾀하는 도적들이 이미 출현했다."고 풀이한 것은 '우(友)'와 '반(反)'의 유일한 차이인 '우(友)' 자 위의 작은 돌출점 하나의 존재에 근거한 것이다. 즉, 음의 변별 기능에 의지하는 언어에 익숙한 주체로서는 문자의 존재를 전부 인식하기가 도저히 불가능하기 때문이다. 그래서 환관도 이 꼼수(?)를 더 이상 이기지 못할 것을 알고 포기하고 돌아갔을 것이다.

물론 이 고사는 후일에 지어낸 것이겠지만 여기서 중요한 것은 한자는 근본적으로 이미지를 근거로 소통하는 것이기 때문에 이를 사용하는 사람들은 자연스럽게 존재론적으로 사유한다는 사실이다. 존재론적으로 사유한다는 것은 보이지 않는 작은 돌출적 존재들, 즉 잉여 부분을 인식의 중심으로 이동시킬 수 있는 가능성을 보여준다. 이는 곧 잉여 존재의 입장에서는 상징의 안으로 포섭될 수 있다는 역설적인 희망이다. 그렇다면 굳이 극단에까지 가는 위험을 감수하지 않더라도 잉여는 영원한 부재를 면할 수 있다. 앞의 측자술의 예에서 보듯이 인식되지 않던 한 점 한 획의 존재가 이미 운명을 결정했는데, 굳이 혁명의 위험 부담을 질 필요가 있겠는가? 이렇게 해서 자연스럽게 중용이 유지되는 결과가 발생한다.

혹자는 중국에 혁명이 부재했던 이유를 과거제도에서 찾기도 하는데, 이 역시 같은 원리에 근거한다. 과거제도란 인재의 수급을 통해 체제의 정체성을 유지하는 상징체계이다. 즉, 시험의 기준을 어떻게 정하느냐에 따라 인재의 성격이 결정되고 나아가 누가 체제의 중심이 되는가가 정해진다. 여기에도 물론 체제에 흡수되지 못하는 잉여 부분이 존재하게 되고, 뿐만 아니라 그 세력이 쌓여가면서 역전을 준비한다. 그럼에도 불구하고 이 세력은 축적되지 않았고 혁명도 일어나지 않았다. 그 이유는 과거제도가 아주 조금씩이긴 하지만 지속적으로 잉여를 상징체계 안으로 흡수해왔으므로 중용의 상태가 유지됐기 때문이다. 권력이 아무리 부패했어도, 바늘구멍만 한 등용의 길이라도 언제나 열려 있어서 약간씩이나마 모순의 원인을 제거해왔다는 사실이 중요한 요인이었던 것이다. 우리나라의 '암행어사 박문수'와 같은 민담에서도 볼 수 있듯이, 부패한 관료사회를 척결할 수 있는 유일한 방법이란, 역설적이게도, 별로 공정해 보이지 않는 과거제도를 통해서 유능한 평민 출신의 인재, 즉 잉여부분이 상징체계 안으로 들어가 합법적으로 이를 해결하는 것이었다. 이렇게 하면 잉여 존재들에게 자신들도 상징체계 내에 자리를 부여받을 수도 있다는 희박한 희망이나마 생기므로 체제가 흔들리지 않게 된다.

중국의 이러한 역사적 현상은 그들이 존재론적인 사유에 익숙해 있기 때문에 잉여적 존재를 상징 밖으로 배제하지 않음으로써 가능한 것이었다. 즉, 상징체계에 포섭되지 않은 잉여 부분이 그냥 무시해도 되는 존재가 아니라는 것을 이미 알고 있었다는 말이다. 상징체계를 폐쇄하고 잉여적 존재를 착취의 대상으로 삼았을 때 혁명은 일어나게 돼 있는 것이다. 과거제도가 귀족들 사이에서만 유통되는 폐쇄적인 제도였다면 오늘날의 중국은 없었을 것이다. 궁극적으로 엘리트가 지배자가 되는 이 불합리한 제도가 몇백 년간 유지돼온 것은 잉여 존재를 조금이나마 체제 안으로 흡수해온 기능 때문에 가능했다.

이처럼 모순과 역설에 적응할 줄 아는 존재론적인 사유 방식은 중국 문화에 전반적인 성격으로 전이돼 있다. 이러한 성격은 이루다 헤아릴 수 없을 정도로 많지만 여기서는 몇 가지 대표적인 것을 뽑아서 소개해보기로 한다.

## (1) 적벽대전에서 동남풍은 우연이었나?

《삼국지연의(三國志演義)》에서 백미(百媚)를 꼽으라 하면 단연 적벽대전(赤壁大戰)일 것이다. 이것이 백미인 이유는 보잘 것 없는 주유(周瑜)와 유비(劉備)의 연합군이 조조의 백만 대군을 무찌른 극적 반전 때문이다. 다시 말해서 한조(漢朝)라는 정통 왕권을 등에 업은 실세 승상 조조의 입장에서 보면 오나라와 촉나라는 잉여적 존재에 지나지 않았지만, 이 보잘 것 없는 존재가 역전을 야기했다는 역설이 잉여적 존재인 대중들을 열광케 했다는 말이다. 이 역전 드라마의 중심에 제갈량(諸葛亮)과 동남풍이 있었던 것이다.

헌제(獻帝) 건안(建安) 13년(208)에 조조는 대군을 이끌고 오나라 손권 토벌에 나섰다. 오나라로 들어가려면 장강을 건너야 하는데, 그는 도강 장소로 적벽을 선택했다. 따라서 이 적벽 도강 작전은 조조에게나 손권에게 모두 승패의 중요한 기로가 되었고, 여기서의 목숨을 건 일전은 피할 수 없는 운명이었다. 그런데 바다처럼 드넓은 장강에는 언제나 높은 풍랑이 일고 있어 승선의 경험이 별로 없는, 북방에서 온 조조의 군대는 뱃멀미로 인해 사기가 땅에 떨어져 있었다. 이때 주유의 밀지를 받고 침투한 봉추(鳳雛) 선생 방통(龐統)이 이른바 연환계(連環計)를 진언했다. 연환계란 배와 배를 전부 연결한 다음 그 위에 갑판을 얹어놓아 넓은 공간을 확보하는 계책이다. 이렇게 하면 배가 안정되어 병사들이 뱃멀미에 시달리지 않고 육지에서처럼 활동할 수 있는 이점이 생긴다. 추측건대 이것이 아마 세계 최초로 만들어진 항공모함의 추형(雛形)이 아닌가 싶다. 조조가 훌륭한 계책이라 여기고 당장 시행할 것을 명하자, 정욱(程昱)이라는 참모가 의문을 제기했다. "좋은 계책이기는 하온데, 만일 적이 화공으로 치면 아군은 꼼짝없이 전부 타 죽을 텐데요." 그러자 조조가 껄껄 웃으며 정욱을 타이른다. "이보시게, 나도 그 생각을 안 한 게 아니네. 지금 때가 어느 땐가? 동짓달이 아닌가? 동짓달이면 서북쪽에 음기가 극성해서 서북풍이 가장 강하게 부는 때인데, 저들이 미치지 않고서야 자신들

이 타 죽으려고 화공을 하겠나?'

이즈음에 주유의 진영에서도 같은 논의가 있었다. 비교도 안 되는 적은 병력으로써 대군을 대적하려면 화공밖에 없다는 제갈량의 계책에 대해 모든 참모들이 반대하고 나섰다. 북서풍이 강하게 부는 동짓달에 화공을 하면 오히려 우리가 당한다는 것이 주된 이유였다. 이에 제갈량은 화공이 가능한 이유를 다음과 같이 설명한다. "지금은 때가 동지인데, 동지는 64괘 중 복괘에 해당합니다. 복괘는 여섯 개의 효(爻) 중에서 다섯 개가 음효(陰爻)이고 한 개가 양효(陽爻)입니다. 따라서 아직은 음기가 성하기 때문에 서북풍이 불긴 하지만 이제 양기가 막 움트기 시작한 터이므로 가끔은 동남풍이 불기도 합니다. 우리는 이때를 기다려 화공으로 치는 것입니다."

제갈량의 주장을 구체적으로 설명하면 이러하다. 우리가 논리적으로 생각하면 동지는 음기의 최극단이므로 64괘의 순서 중에서 곤(坤)괘(〈그림 35〉)에 해당할 것이라고 생각하기 쉽다. 그러나 실제 동지는 복(復)괘(〈그림 36〉)이다. '물극필반(物極必反)', 즉 사물은 극에 달하면 반드시 되돌아간다는 순환론에 기반을 둔 64괘의 순서에서 보자면, 사물의 극이란 이미 또 다른 시작을 내포하고 있는 상태를 말한다. 그래서 복괘를 보면 맨 밑에 양기가 하나 인식되지 않는

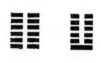

〈그림 35〉
곤(坤)괘

〈그림 36〉
복(復)괘

168

상태로 숨어 있는 것이다. 그러니까 복괘인 동지는 실제로는 극단에 처해 있지만 또 다른 양기로의 시작을 잉태하고 있다는 점에서 음기의 극인 곤괘를 이미 지나쳐 있는 상태가 되는 셈이다. 그럼에도 불구하고 양기의 존재는 너무나 미미하여 이를 감각케 하기에는 역부족이므로, 복괘의 동지는 여전히 음기가 성한 시기로 인식하게 된다. 제갈량은 바로 이 드러나지 않는 잉여적 존재를 감각하고 수용한 반면, 조조는 이를 부재로 치부하고 무시했다. 난세를 다스리고 대륙을 통일해야겠다는 영웅적 이상에 사로잡힌 조조로서는 체제라는 상징체계에 충실하기 위해 잉여적 존재를 무시하는 것이 어쩌면 당연한 일이었는지도 모르겠다. 그러나 결과는 역설적이게도 조조의 역전패로 끝났다.

## (2) 아직도 끝나지 않은 새옹지마

재앙이 오히려 나중에 복이 된다는 이른바 전화위복(轉禍爲福)을 말할 때 우리는 새옹지마(塞翁之馬)를 그 대표적인 예로 든다. 이는 원래 《회남자(淮南子)》에 수록된 고사로서 지금은 이미 진부한 이야기가 된 지 오래긴 하지만 기억을 정확히 상기하는 의미에서 원전을 그대로 옮겨보기로 한다.

재앙과 복이라는 것은 돌고 돌아서 서로를 낳는 것이니 그 변화를 예측하기가 어렵다. 변방의 요새 근방에 사는 사람들 중에 점을 잘 치는 사람이 있었는데, 그 사람이 기르던 말이 이유도 없이 달아나서 국경 너머 오랑캐 땅으로 들어갔다. 이웃사람들이 와서 안 됐다고 위로하니 그 남자는 오히려 "이 일이 좀 있으면 복이 될 수도 있지 않겠소?"라고 대답하는 것이었다. 몇 개월이 지나자 달아났던 말이 오랑캐 땅의 준마를 데리고 돌아왔다. 이웃들이 와서 이번에는 참 잘됐다고 축하하자 그는 오히려 "이 일이 좀 있으면 재앙이 될 수도 있지 않겠소?"라고 반문하였다. 이렇게 해서 그 남자의 집에 좋은 말들이 많아지니까, 그의 아들이 말 타기를 좋아하게 되었다. 그러다가 낙마하여 허벅지가 부러졌는데, 이웃들이 와서 안 됐다고 위로하니까 그 남자는 또 "이 일이 좀 있으면 복이 될 수도 있지 않겠소?"라고 말하였다. 그러고 1년 있다가 오랑캐들이 대병력을 동원하여 요새를 쳐들어왔다. 이에 청장년 남자들이 활을 들고 나가 싸웠는데, 이 전투로 요새 근방에 사는 백성들 중 죽은 자들이 열에 아홉이나 되었다. 그렇지만 그 남자의 아들만은 절름발이였으므로 전투에 나가지 않아 아비와 아들이 둘 다 목숨을 보전할 수 있었다. 그러므로 복이 재앙이 되고 재앙이 다시 복이 되는 것은 그 변화가 끝이 없고, 그 깊이는 측량할 수 없다.

말이 달아난 사건은 그 말이 다시 돌아올 수밖에 없는, 그것도 다른 말을 데리고 돌아오는 역전이 내포돼 있었지만 이를 재앙이라고 인식하는 순간에 역전의 가능성은 보이지 않게 된다. 마찬가지로 다른 말을 데리고 돌아온 사건에도 역시 이미 아들의 낙마사고가 잉여로 잠재돼 있었지만 이를 복이라고 규정하는 순간에 그 잉여가 배제된다. 그러나 새옹은 다른 사람들과는 달리 사건을 재앙이나 복으로 규정하지 않고 보이지 않는 잉여 부분의 존재를 보면서 그것이 역설적으로 출현할 것을 내다보았다. 왜냐하면 화와 복의 전개는 음양의 변화를 상징하는 〈그림 37〉에서 보는 바와 같이 재앙 속에서 복이 자라나고 복 속에서 재앙이 성장해가기 때문이다. 그래서 사람들이 그를 '점을 잘 치는 사람(善術者)'이라고 불렀던 것이니, 기실 이는 예언이 아니라 잉여적 존재를 본 것에 지나지 않았다. 새옹의 말 사건 이후에도 역전은 끊임없이 지속되었을 테니, 모르긴 몰라도 새옹은 다음과 같은 일을 경험했을 수도 있을 것이다. 즉, 아들이 병역이 면제가 되어 살아남는 복은 누릴 수 있었는데, 나중에 새옹이 관료로 발탁이 되어 중앙의 높은 관직에 나아가게 되는 기회를 갖게 됐을 때, 아들의 병역 면제에

〈그림 37〉 음양 변화의 상징인 태극 문양

고의성이 있었다는 정적들의 모함으로 인하여 취임도 하기 전에 사퇴하는 고통을 겪게 되었다. 그렇지만 얼마 안 있어 조정에 정변이 일어나 고위 관료들이 모두 참수당하거나 귀양을 가는 사건이 벌어져 다시 한 번 목숨을 보전하는 행운을 경험하게 된다. 그래서 새옹지마의 역전은 아직까지도 반복되고 있다고 전해진다.

### (3) "우주 안에 공짜 점심은 없다."

보이지 않는 역설은 기실 한문의 묘미이기도 하다. 그래서 중국 고전을 읽을 때에는 이 역설을 찾아 읽어야 제맛이고, 또한 이 작업을 잘해서 밝혀주는 해석이 들어가야 좋은 번역이 된다. 그렇게 하려면 한자의 자형과 구조를 잘 알아야 한다. 예를 들어 《천자문》 중의 '뢰급만방(賴及萬方)'이라는 구절을 보기로 하자. 이 구절은 '(천자에 대한) 신뢰가 온 천하 구석구석에까지 미치다'라는 의미로서 천자는 절대적으로 신뢰할 만하기 때문에 중국 경내의 모든 백성은 물론 이웃 나라들도 안심하고 의지해도 된다는 이데올로기를 말하고 있다. 사실 넓은 지역의 많은 인구를 다스리는 일은 통치자에 대한 신뢰가 바탕에 깔려 있어야 가능하다. 그래서 성문 앞에 놓인 나무를 그냥 옮겨 놓기만 해도 50금(金)을 주겠다는 약속을 지킨 상앙(商鞅)의 이른바 '사목지신(徙木之信)'의 고사가 중국 역대 정치의 기본적인 전략이 되었던 것이다.

그러나 《천자문》의 이 구절에서 보는 바와 같이 '신뢰할 수 있음〔賴〕' 다음에 오는 '따라가 잡음〔及〕'이라는 글자 주위에 잉여로 존재하는 역설에 주의해야 한다. 즉, '미칠 급(及)' 자의 자

〈그림 38〉 '급(及)' 자의 전서

형을 분석하면 '오른손 우(又)' 자와 '사람 인(人)' 자로 이루어졌는데, 이는 '사람을 뒤에서 따라가 잡다'라는 의미가 된다.(《그림 38》) 다시 말해서 '따라가 잡다'라는 행위는 '잡히다'라는 행위와 동시에 이루어진다는 말이다. 따라서 '신뢰할 수 있음'이 만방의 백성들에게 미친다면 이는 거꾸로 백성들이 천자에게 '사로잡히는 바'가 될 수 있음을 뜻하기도 한다. 그렇다면 '사로잡힘'은 '신뢰가 미치는' 상황에서 잉여적 존재가 됨과 아울러 이윽고 출현하게 되는 역설적인 상황이 된다. 그런데 통치자의 입장에서 보면 전자는 신뢰할 수 있도록 연출한다는 의미에서 일종의 전략이자 상징적 행위이다. 상앙이 성문 앞에 놓인 나무를 옮기기만 해도 금을 준 것은 어디까지나 신뢰를 (돈을 주고) 사기 위한 연출 행위이다. 이에 비하여 후자가 연출을 순진하게 믿는 상상적 행위에 머물러 있게 된다면 이 둘 사이의 관계는 궁극적으로 지배와 종속의 관계를 피할 수 없게 된다. 다시 말해서 '급(及)' 자는 천자의 신뢰가 백성에게 미치는 행위만을 표상하는 것이 아니라, 이로부터 역설적으로 출현하는, 천자에게 사로잡힐 수밖에 없는 종속이라는 대가도 보이지 않

게 표상한다. 등창의 고름을 입으로 빨아주어 목숨을 구해준 장수에게 끝내 자신의 목숨을 바쳐 충성한 두 아들을 가진 어떤 노모(老母)가 막내아들마저 그 장수의 부하로 배속되자 이제 막내마저 목숨을 부지할 수 없게 되었구나, 하고 통곡하였다는《여씨춘추(呂氏春秋)》의 고사는 통치자가 연출하는 신뢰 행위가 얼마나 강력한 복종의 힘을 잉여적 존재로 동반하고 있는지를 잘 말해주고 있다. "우주 안에 공짜 점심은 없다.(There is no free lunch in the universe.)"라는 미국 속담이 생각나는 대목이기도 하다.

### (4) 예와 법, 동전의 양면

《천자문》에 보면 '한폐번형(韓弊煩刑)'이라는 구절이 있다. '한비(韓非)는 번거로운 형법으로 (스스로) 피폐해졌다'라는 의미인데, 여기서는 반대로 존재를 잉여적인 것으로 소외시키는 기능을 수행함으로써 중용을 유지하고 역설의 출현을 연기한다.

이 구절은 법가(法家)인 한비가 진나라 임금에게, 부국강병을 위해서는 엄격한 법을 제정, 시행하는 것이 가장 효율적이라고 주청함으로써 진나라가 단기간에 통일을 이룩하는 데에는 성공했지만, 법이 너무 혹독한 나머지 본인도 그 법 때문에 피폐해졌고 진나라도 멸망하게 되었다는 사실을 요약한 것이다. 한비의 사상은 그의 저술인《한비자》에 잘 나타나 있는데, 이를 읽어보면 그의 법가 담론은 매우 논리적일 뿐만 아니라 설득력도 갖추고 있음을 알 수 있다. 그는 이상적인 정치를 군주의 인위적인 개입 없이 저절로 이루어지는 무위(無爲) 정치로 보았는데, 이의 구체적인 실현은 법치에 의해서 가능하다는 것이다. 즉, 법이라는 '틀'을 잘 정비해놓으면 백성들은 이를 잘 지키고 따르면 되고, 관리들은 감독과 관리를 잘하면 되는 것이니, 그러면 군주는 가만히 앉아만 있어도 정치는 저절로 이루어진다는 논리이다. 그럼에도 한 왕조는 새 정권의 정통성을 확보하기 위해 앞 정권인 진나라를 비판해야 했으므로, 한비를 비롯한 법가 사상가들을 구체적인 비판 대상으로 삼아 폄훼했던 것이다. 이렇게 해야만 법으로부터의 해방이 현 정권의 철학인 것처럼 차별화되어 인정(仁政)을 시행하는 윤리적인 정권으로 자리 잡게 되는 것이다.

그러나 실제를 따져보면 중국처럼 형법이 발달한 나라도 역사상 찾아보기 힘들다. 우리가 중국의 역사 고사에서 익히 들은 바 있는 사형의 방법만을 보더라도 그 다양함에 놀라움을 금치 못할 정도이다. 사약을 먹이는 형벌은 매우 점잖은 방법에 속하고, 목을 베어 죽이는 참수형(斬首刑), 뜨거운 물에 삶아 죽이는 팽형(烹刑), 몸의 지체를 다섯 대의 수레에 각각 묶은 후 동시에 당겨 찢는 거열형(車裂刑), 사형 집행 후 몸을 여섯 조각으로 토막을 내어 소금에 절여서 전국에 돌리는 육시형(戮屍刑), 사형을 집행한 후 시신을 저자 바닥에 버리는 기시(棄市), 친족은 물론 외족과 처족까지를 싹쓸이로 죽이는 족형(族刑), 심지어는 이미 죽은 자의 무덤을 파헤쳐서 시신을 베는 부관참시(剖棺斬屍)와 역시 이미 죽은 지 오래된 자의 해골을 갈아서 바람에 날려버리는 쇄골표풍(碎骨漂風) 등 여러 가지 방법이 있었다. 이러한 비인도적인 형벌이 중국 역사에 면면히 이어져 내려왔음에도 불구하고 이것이 마치 진나라, 그것도 한비를 비롯한 법가 사상가들의 전유물인 양 비난해온 이면에는, 그렇게 함으로써 법치를 은닉함과 동시에 지금의 정치가 덕치의 소치임을 인식시키기 위한 기획이 숨어 있는 것이다.

법가에서 말하는 법이란 곧 사회를 구성하는 틀(제도)과 이 틀을 유지, 운영하기 위한 매뉴얼을 가리키는데, 이 틀과 매뉴얼이 곧 '형(形)' 또는 '형(刑)'이다.〔'형(形)'과 '형(刑)'은 기실 같은 글자이다.〕무위정치란 모든 사람들이 따라야 할 규범인 '형(形)'을 만들어 놓고 이를 잘 지키기만 하면 되는 것이다. 이를 지키지 않는 자가 있다면 '형(刑)'으로써 바로잡으면 된다. 법가의 이러한 정치사상이 안고 있는 결정적인 하자는 규범이라는 형식만 존재하기 때문에 주체가 들어설 자리가 없다는 사실이다. 이를테면, 사람은 법을 지키는 자와 그렇지 않은 자로만 구별될 뿐이므로 여기서 주체성이나 인격 따위는 의미를 부여받을 수 없다. 그러므로 틀을 벗어나고자 하는 주체의 욕망을 통제하기 위해서 법은 갈수록 복잡해지고 혹독해질 수밖에 없는 것이다.

법의 혹독함을 경험한 백성들에게 해방감과 신뢰감을 주기 위

176

해 한나라 정권이 제시한 대안이 어진 정치, 즉 인정(仁政)이었다. 인(仁)이란 공자의 도에서 비롯된 것으로서 《논어》에서는 이를 증자(曾子)의 입을 빌려 충서(忠恕)로 정의했다. 충(忠)이란 자아의 진실한 마음을 소중히 여기는 것이다. 따라서 동기가 충심에서 비롯됐다면 실수로 법을 좀 어겼더라고 용서가 될 수 있다. 충심이 중요하기는 하지만 이것만으로는 진실성을 담보할 수 없으므로, 타자의 시선과 입장을 고려하는 것이 필요한데, 이것이 바로 서(恕)이다. 이처럼 인간의 주체는 법이라는 틀 속에 넣어 획일적으로 통제하기가 어렵다. 그렇다고 해서 형식을 무시하고서는 주체가 인격체로 형성될 수는 없는 법이니, 법치의 대안으로 등장한 것이 유가의 예로 다스리는 예치(禮治)였다. 공자는 인을 가리켜 "자신의 욕심을 억제하여 예를 받아들이는 것(克己復禮)"이라고 정의했다. 그러니까 인정과 예치는 주체성을 중시한다는 점에서 사람의 욕심을 처음부터 무시한 법가와 크게 구별된다. 이런 점에서 인정과 예치는 백성들에게 환영받는 대안이 될 수 있었다. 그러나 예도 근본적으로는 형식으로 이루어진 규범(틀)임에는 틀림이 없다. 예가 궁극적으로 형식인 이상 시간이 지나면 최초 형식이 만들어질 때의 감응은 사라질 것이고, 그러면 형식 자체만이 의미를 갖게 될 것이니 예가 경직되어 형식주의로 흐르는 것은 바로 이 때문이다. 루쉰(魯迅)은 일찍이 예교(禮敎)를 식인(食人), 즉 '사람을 잡아먹는' 교활한 수단이라고 비판한 바 있는데, 이는 유교의 형식주의로 인하여 주체성과 개성을 숨이 막히도록 억압당하는 고통을 핍진하게 표현한 말이다. 그러니까 아무리 인정과 예치를 부르짖어도 그 이면에는 식인의 어둠이 도사리고 있다는 말이다. 인정과 예치는 바람직한 통치 방식이긴 하지만 기실 실현 가능성은 없다고 보는 것이 옳다. 그럼에도 불구하고 인정과 예치가 마치 시행되고 있거나, 앞으로 시행될 수 있을 거라고 여기게 되는 것은 무엇 때문인가? 그것은 다름 아닌 혹독한 형벌의 시행 때문이다. 체제와 사회가 유지, 운영되는 것은 강력한 형법의 시행에 의해서이지만 이것을 인정과 예치로 포장했기 때문에 형법의 힘은 보이지 않는 것이다.

예와 법은 모두 형식으로 구성돼 있다. '형(形)'과 '형(刑)'에 똑같이 들어가 있는 '개(开)' 자는 원래 글자를 네모나도록 반듯하게 쓰기 위해 종이 위에 덧놓는 칸막이 습자 틀을 표상한 글자이다. 여기에 붓을 뜻하는 '터럭 삼(彡)'을 더하면 예를 상징하는 '형(形)' 자가 되고, 여기에 '칼 도(刂)'를 더하면 형벌을 상징하는 '형(刑)' 자가 된다. 전자는 드러내기를 원하는 것이고 후자는 감추고 싶은 것이다. 따라서 후자를 강하게 비판하면 전자가 드러나면서 후자는 잉여적 존재로 사라진다. 물론 완전히 사라지는 것은 아니고 단지 인식되지만 않을 뿐이다. 이것이 '한폐번형'이라는 구호가 노리는 바이다.

## (5) "하오 러, 하오 러!" : 중재, 아니면 선동?

    이건 순전히 개인적인 견해인데 중국인들은 대체로 구경을 무척 좋아한다. 사견이라고 단서를 붙이긴 했지만 중국을 조금 아는 사람이라면 대부분 내 말에 공감할 걸로 믿는다. 시장에 가서 물건 값을 흥정한다거나 소비자로서 불만을 제기하다가 언성이 조금이라도 올라갈라치면 금세 주위에 몇 사람이 모여들어 구경하고 있는 것을 느끼게 된다. 그런데 재미있는 것은 모여든 사람들이 그냥 구경만 할 뿐이지 누구 편을 들거나 이래라저래라 참견하는 일은 별로 없다는 사실이다. 나 개인적으로도 그런 경우를 경험했는데, 당시에는 심지어 경찰까지도 구경만 하고 있었다. 그는 내가 해결을 호소했음에도 무덤덤하게 "당신들끼리 조금씩 양보해 타협하라."고만 말할 뿐 결코 개입하지 않으려 했다. 한국과 중국을 오가며 조그만 사업을 하는 어느 조선족 동포는 이런 말로 한중 문화를 아주 간단히 비교했다. "한국인은 이웃 사람이 무엇인가를 해 돈을 벌면 너도나도 함께 뛰어들어 그 일을 따라하고, 중국인은 이웃 사람이 돈을 벌면 그가 어떻게 돈을 벌고 쓰는지 구경합니다."

    우리는 돈을 벌면 우선 좋은 옷을 사 입고 차를 중대형으로 바꾸며 넓은 평수의 아파트로 옮기는데, 이는 자신을 과시하기 좋아한다는 의미에서 노출증적인 문화 구조를 갖고 있다고 볼 수 있다. 이와 비교한다면 구경을 좋아하는 중국인들의 문화는 관음증적 성격을 띠고 있다고 개괄할 수 있을 것이다. 이런 관점에서 본다면 한국의 대중문화가 중국에서 한류라는 이름으로 크게 각광 받은 것은 노출증의 문화가 관음증의 문화와 제대로 맞아떨어진 결과가 아닌가 하고 추측하게 된다.

그렇다면 이러한 관음증적인 구경 문화는 어떤 배경에서 발생했을까? 앞에서 설명한 바 있듯이 중국은 상고시기부터 체제를 공고히 하기 위한 갖가지 기술들을 발전시켜왔다. 그 결과 엄격한 위계질서에 기초를 둔 봉건전제주의 체제가 매우 일찍부터 형성되어 국가를 안정적으로 유지시켜왔다. 이 봉건전제주의 체제는 민주주의 체제가 도입된 오늘날에도 관념적으로는 그 영향을 벗어나지 못할 정도로 완성도가 매우 높았다. 이것은 봉건 이데올로기 자체의 완성도가 높았기 때문이기도 하지만 이것이 헤게모니로 정착되는 데에는 가혹한 형벌과 같은 강력한 제제 수단이 동반됐기 때문에 가능했던 것으로 봄이 옳다. 이는 앞서 '한폐번형'에 관해 말하며 이미 설명한 바 있다. 이런 체제에서 오랜 기간 살다 보면 사람들은 주체적이 되기보다는 정해진 틀에 적응하려는 경향을 갖게 되기 마련이다. 왜냐하면 정해진 틀을 벗어나면 가혹한 형벌과 제재를 당하기 때문이다. 그렇다면 어디까지가 틀 안에 있는 것이고, 또한 어떻게 하는 것이 틀을 벗어나는 행위일까? 가장 현명한 판단은 일단 남들이 하는 것을 두고 보는 것이다. 남들이 먼저 하는 것을 보고 결과가 괜찮으면 따라 해도 되고, 만일 그들이 당했다면 절대 따라하면 안 된다. 과도하게 자신의 주장을 내세우거나 괜히 잘난 척하고 나섰다가 당하는 자를 그들은 어리석은 자로 부른다. 《노자(老子)》의 "훌륭한 기교는 마치 서툰 것처럼 보인다.(大巧若拙.)"라는 구절은 이러한 생각을 정당화하는 데 좋은 구실이 된다. 이것을 더 밀고 나가면 '어리석은 자가 곧 총명한 자'이고, '지는 것이 곧 이기는 것'이라는 논리로 귀결된다. 그래서 중국 역사에서 외적이 쳐들어왔을 때 죽기 아니면 살기로 방어한 예를 좀처럼 찾아보기 힘들다. 만리장성은 세계사에서 가장 거대한 방어벽이지만, 역설적이게도 이 성만큼 많이 뚫린 방어벽도 세계사에서 없다는 사실이 이를 입증한다. 그들은 외적에게 침략을 당하면 일단 피하거나 복종하면서 두고 본다. 두고 보면 결국에는 침략자들 스스로가 멸망하는 것은 역사의 정해진 이치가 아니던가? 이것이 바로 '지는 것이 곧 이기는 것'이라는, 이른바 '통이 크다'는 중국 문화의 본질이 아닌가 싶다.

아편전쟁의 패전에서 충격을 받은 중국의 지식인들은 유럽의 근대성에 관심을 갖게 되었고 아울러 이로부터 지대한 영향을 받기도 했다. 루쉰 역시 이 근대성의 시각에서 중국의 존재론적인 사유가 갖고 있는 이중성을 보게 되었고, 이러한 사유의 부조리와 비합리성을 자신의 소설 《아큐정전(阿Q正傳)》에서 신랄하게 폭로했다.

이를테면, 주인공인 아큐가 동네 양아치인 샤오디(小D)와 서로 상대방의 변발을 틀어쥐고 싸우는 장면이 있다.(〈그림 39〉) 두 사

〈그림 39〉 아큐와 샤오디

람은 각기 한 손으로는 상대방의 변발을 잡고 다른 한 손으로는
자신의 변발을 쥐고서는 공격과 방어를 동시에 수행하고 있었다.
그러나 서로의 힘이 만만치가 않아서 이렇다 할 공격도 못하고 있
고, 아울러 승패의 자존심도 걸려 있어 쉽사리 먼저 손을 놓을 수
도 없었으므로 루쉰의 표현대로 '푸른색의 무지개 모양'으로 한참
동안 서로 버티고 있었다. 이것 역시 싸움이므로 주위에 구경꾼이
몰려들지 않을 수 없었으니, 이들은 "하오 러, 하오 러!(好了, 好
了!)"를 연방 외쳐대고 있었다. 이 말은 '됐어, 그만해'라는 의미로
서 일반적으로는 싸움을 말릴 때 쓴다. 따라서 싸움을 말리고자
하는 말을 반복하는 사람들을 구경꾼이라 부르는 것은 적절치 않
고 중재자나 화해자로 규정하는 것이 옳을 듯하다. 그러나 '하오
러'라는 말(text)은 상황(context)에 따라 몇 가지 의미들을 생성해
내는데, 누가 한창 멋진 기술이나 재미를 불러일으키는 곳에서 이

182

말을 쓴다면 '멋지다, 잘 한다'라는 뜻이고, 구경거리가 흥이 나질 않거나 좀 지루해서 더 분발하라고 격려할 때에는 '더 잘할 수 있어, 한번 화끈하게 붙어봐'라는 선동적 의미가 된다.

서로의 머리채를 부여잡은 채 무지개 모양으로 반나절이나 버티고 서 있는 싸움을 보고 있는 사람들이라면 위의 세 가지 의미 중에서 마지막 선동적 의미로 이 말을 했을 가능성이 크다. 결국 두 사람의 싸움은 무승부로 끝나긴 했지만 이 종결이 누가 말려서 이루어진 것이 아니라 스스로 지친 데다가 싸움을 빨리 끝내고 싶다는 내심의 계산이 서로 맞아떨어져 동시에 손을 놓음으로써 가능했다는 루쉰의 묘사로써도 입증된다. 아무튼 다른 사람들의 싸움을 말리지 않고 구경한다는 것은, 군자를 최고의 인격으로 추구하는 중국인들에게 용서할 수 없는 비윤리적 행위이다. 이처럼 서로 모순되는 두 가지 욕망을 한데 모아 표현한 말이 "하오 러, 하오 러!"인 것이다. '됐어, 그만해!'는 표면적(또는 상징적) 의미이고 '좀 더 신나게 싸워봐!'는 잉여적 존재로서 눈에 띄지 않게 '거기에' 놓은 것이다. 그래서 루쉰도 이 장면에서 도대체 화해하라고 말리는 것인지, 잘한다고 칭찬하는 것인지, 아니면 더 잘 싸워보라고 선동하는 것인지 헷갈린다고 묘사했다.

## (6) 한시, 역설의 예술적 표현

잉여적 존재는 상징계에 가려서 인식하기가 쉽지 않은 것이 사실이다. 언어나 이치로 설명하려 한다면 이들은 더욱 소외될 뿐이다. 이들의 존재를 알 수 있는 방법은 기실 감각뿐이다. 왜냐하면 감각은 서로 모순된 존재라 하더라도 그대로 감지될 수 있기 때문이다. 다시 말해서 역설을 숨기거나 배제하지 않고 수용한다는 말이다. 그래서 감수성이 발달한 시인들은 그들의 예민한 감각을 통해 감지한 실재의 모습을 상징체계라는 한계를 가진 언어로써 드러내준다. 언어의 한계를 뛰어넘는다는 의미에서 시를 예술로 규정하는 것이다. 시가 그 예술성을 통해서 잉여적 존재를 드러내주는 기능을 우리는 두보(杜甫)의 시〈석호리(石壕吏)〉에서 여실히 볼 수 있다.〈석호리〉를 잠시 읽어보기로 하자.

날이 저물어 석호촌(石壕村)에서 자고 가게 되었는데
밤중에 아전이 사람을 징발하러 왔네.
할배는 담 넘어 달아나고
할매가 문밖에 나가보았네.
아전의 호통소리 어쩌면 저리도 무섭고
할매의 울음소리 어쩌면 이리도 고통스러울꼬?
할매가 아전 앞에 드리는 말씀 들어보니

184

세 아들 모두 업성(鄴城)에 국경 지키러 갔다 하네.

한 아들이 편지를 부쳐왔는데

두 아들이 며칠 전에 싸우다 죽었다 하네.

살아남은 놈은 장차 구차하게라도 살아가겠지만

죽은 놈은 그것으로 영영 끝난 게지요.

집안에는 달리 사람도 없고

오로지 젖먹이 손자 하나뿐.

젖먹이 어미는 아직 징발되지는 않았지만

드나들려 해도 온전한 치마 한 벌 없다오.

늙은 이 할매가 힘은 비록 쇠하나

나리를 따라 밤을 새워서라도 가리다.

급한 대로 하양(河陽)의 전쟁터에라도 보내주시면

지금 가도 아침밥 지을 준비는 할 수 있을 거예요.

밤이 깊어지면서 말소리는 그치고

나지막이 흐느껴 우는 소리가 들리는 듯했네.

날이 밝아 다시 갈 길을 떠날 때에는

할배하고만 작별 인사 나누었네.

(暮投石壕村, 有吏夜捉人.

老翁逾墙走, 老婦出門看.

吏呼一何怒, 婦啼一何苦.

聽婦前致詞, 三男鄴城戍.

一男附書至, 二男新戰死.

存者且偸生, 死者長已矣.

室中更無人, 惟有乳下孫.

乳孫母未去, 出入無完裙.

老嫗力雖衰, 請從吏夜歸.

急應河陽役, 猶得備晨炊.

夜久語聲絶, 如聞泣幽咽.

天明登前途, 獨與老翁別.)


중국의 한시를 평론하는 사람들은 흔히 이 시를 핍박받는 백성들의 처절한 현실을 고발한 현실주의적 경향의 작품이라고 평가한다. 당시에 무슨 대중매체가 있어 무능한 황제에게 들으라고 쓴 것도 아닐 테고, 또한 두보가 도탄에 빠진 백성들에게 혁명에 동참하라고 선동하기 위해 쓴 것도 아닐 테니, 현실주의니 고발이니 하고 오늘날의 잣대를 들이대는 것은 좀 무리가 있어 보인다. 시인은, 언어라는 상징체계가 말하는 것을 듣는 게 아니라 항상 그 언어가 놓친 부분을 보고자 하는 사람이다. 안사의 난을 아주 거칠게 규정하자면 권력을 남용하는 체제 유지자들과 이를 빌미로 권력을 빼앗으려는 반체제 세력 사이의 권력 투쟁이었다는 것이 궁극적 의미일 것이다. 반체제 세력은 자신들의 반란을 정당화하고 세를 키우기 위해 체제 기득권자들이 잉여로 배제한 백성들을

186

규합했다. 이때 그들은 잉여 존재인 백성들에게 자리가 부여되는 새로운 상징체계를 만들어 세를 견고하게 하고자 했을 테니, 이것이 당시로서는 새로운 이데올로기이자 체제 기득권자들에게는 반이데올로기였을 것이다. 그러나 이러한 새로운 이데올로기도 권력을 향한 상징체계인 이상 백성들은 여전히 잉여 존재로 버려질 수밖에 없다. 그들도 백성을 권력을 쟁취하기 위한 도구로 무자비하게 동원했으므로, 이래저래 백성들의 존재는 없는 거나 마찬가지였고 모순은 해소되지 않은 채 그대로 남아 있었다.

두보는 석호촌의 밤에 목도한 비참한 사건에서 '예치(禮治)'니, '인의(仁義) 정치'니, '민심은 천심'이니 하는 미사여구(美辭麗句)로 치장한 화려한 구호 밖에 잉여로 밀려나 있는 백성의 실체를 감각했던 것이다. 그러나 할아버지를 대신해 스스로 노역장에 끌려간 할머니의 희생과 사랑, 어쩔 수 없이 살아남은 할아버지의 슬픔과 그 이면에 느껴지는 부조리한 안도감, 또한 이러한 부조리를 목도하고도 내 갈 길을 가야만 하는 시인 두보 자신의 무기력함 등은, 비록 잉여적 존재들의 비참한 삶이긴 하지만 이러한 것도 여전히 살아가야 할 소중한 삶이라는 인간적인 긍휼이 시 전체에 흐르고 있다. "살아남은 놈은 장차 구차하게라도 살아가겠지만 / 죽은 놈은 그것으로 영영 끝난 게지요."라는 할머니의 말은, 삶이란 잉여적 존재에게도 소중한 것임을 웅변한다. 정치하는 자들은 백성을 긍휼히 여겨야 할 대상이라느니, 잘 받들어야 할 대상이라느니 하는 등의 추상적 개념으로 말하지만, 두보는 이 시를 읽는 독자들 앞에 핍진한 존재의 백성으로 갖다 놓았던 것이다.

잉여적 존재는 꼭 정치적으로만 의미를 갖는 것은 아니다. 일상에서도 인식하지 못하는 존재는 많이 있다. 두보의 절구(絶句) 〈강남에서 이구년을 만나다(江南逢李龜年)〉를 읽어보자.

기왕(岐王)의 저택에서 심심치 않게 보았었고
최구(崔九)의 대청 앞에서 몇 번 듣기도 했었지.
강남의 풍경이 가장 좋은 이때
꽃이 지는 이 시절에 다시 그대를 만났구려.
(岐王宅裏尋常見,
崔九堂前幾度聞,
正是江南好風景,
落花時節又逢君.)

이구년(李龜年)은 당 현종 시기에 활동하던 명창(名唱)으로서 현종에게 특별한 대우를 받을 만큼 유명했다. 그는 궁궐과 장안 귀족들의 호화로운 집에서만 초대받아 연주했었지만 안사의 난 때문에 강남으로 피난을 가서 유랑 생활을 하는 신세가 되었다. 그러던 중 두보를 만난 것인데, 한시 비평가들은 이 시에서 두보는 지난날의 영화와 현재의 퇴락을 현저히 대비함으로써 무한한 감개와 비애를 표현했다고 평한다. 기실 앞의 두 구절은 귀족들이 만들어낸 인위적으로 화려한 아름다움이었다. 따라서 소멸의 운명을 피할 수 없어 이제는 기억으로만 남아 있지만, 자연은 사라지지 않고 언제까지나 아름다움을 반복한다. 두보의 표현으로는 강남은 오히려 낙화시절에 더욱 아름다운 풍경을 만들어낸다고 한다. 이러한 대비 속에서 부귀영화는 더욱 덧없이 느껴진다.

이구년의 감동적인 소리는 그 덧없는 영화 속에 어울리는 것이 아니었다. 기실 그곳은 그가 있어야 할 자리가 아니었다. 자신의 자리가 아닌 곳에 있었을 때 그의 소리는 그저 귀족들의 무료함을 달래는 오락에 지나지 않았다. 왜냐하면 그 소리의 진정한 존재는 인위적 화려함에 가려서 소리 밖의 잉여로 배제됐었기 때문이다. 귀족들이 오락으로만 듣던 소리에서 잉여가 된 감응의 존재를 듣지 못할 것은 당연하다. 그런데 이제 그의 소리는 옛날의 영화를 다 버리고 자연의 아름다움 속에서, 그것도 낙화시절에 만났으니 화려한 꽃잎을 다 떨어뜨림으로써 이전의 잉여적 존재가 진정한 모습으로 제자리를 찾아오게 된 것이다. 더 이상 오락이 아닌 진정한 그의 소리를 만났으니 이 사건이 강남의 가장 좋은 시절이 아니고 무엇이겠는가? 인생무상의 비애와 감회만 갖고서는 이 시가 두시(杜詩) 중의 압권으로 읽혀오지 않았을 것이다.

우리의 인식 상에 잘 감각되지 않는 역설의 모순이 시인의 언어를 통해서 예술로 승화된 경우를 당나라 왕창령(王昌齡)의 〈규원

(閨怨)〉에서 찾아볼 수 있다.

> 규방에만 있던 어린 새색시 근심일랑 모르다가
>
> 봄날에 몸단장 예쁘게 하고 누대에 올라보았네.
>
> 문득 저기 밭이랑 시작되는 곳에 물오른 수양버들 보더니
>
> 낭군님 부디 높은 벼슬 해 오시라 떠나보낸 일을 뉘우치네.
>
> (閨中少婦不知愁,
>
> 春日凝妝上翠樓.
>
> 忽見陌頭楊柳色,
>
> 悔敎夫婿覓封侯.)

어느 화창한 봄날 결혼한 지 얼마 안 되는 새색시는 봄의 흥취를 이기지 못하고 몸을 곱게 단장하고는 경치를 감상하러 누대에 올라갔다. 멀리 아지랑이 피어오르는 들녘을 바라보았더니 그간 눈여겨보지 않았던 밭이랑 끄트머리의 버드나무들이 이미 싱그러운 푸른색으로 변해 있는 게 아닌가? 여기가 바로 사랑하는 낭군이 옆에 있어야 할 곳인데 그는 없었다. 꼭 벼슬을 해서 돌아오라고 등을 떠밀다시피 장안으로 보낸 자신이 이렇게 원망스러울 수가 없는 순간이었다.

상징이란 실재가 아니면서도 마치 실재처럼 대리한다. 나의 외양이나 내가 지니고 있는 재산, 신분 등은 기실 '나' 자신은 아니

지만 이것들은 마치 '나'의 실재인 양 행세한다. 그래서 내가 남들에게 '대단한' 존재로 보이기 위해서는 많은 재물과 높은 신분을 확보해서 이를 상징으로 하여 세상에 보여야 한다. 이 새색시도 이러한 상징을 얻기 위해서 사랑하는 낭군을 장안으로 보냈던 것이다. 바로 이 상징에 집착한 나머지 정작 자신의 진정한 존재는 상징 밖의 잉여 존재로 밀려나 보이지 않았다는 말이다. 뿐만 아니라 버드나무에 싹이 올라 세상이 온통 싱그러운 기운으로 뒤덮인 것까지도 보이지 않았다. 그러나 어느 날 문득 이 변화가 그녀의 눈에 들어오게 되었는데, 이를 달리 말하면 실재계가 그녀가 세상의 전부라고 믿고 있었던 상징계를 침범한 사건이라고 규정할 수 있다. 이 도둑같이 도래한 실재계로 인해서 상징 너머에 있는 자신의 삶을 되돌아보게 되었고, 아울러 삶의 진정한 내용인 사랑을 엉뚱한 곳에 갖다놓았다는 회한이 들었던 것이다. 순간적으로 발생한 역설의 감정을 제한적일 수밖에 없는 언어로써 그 한계를 뛰어넘도록 표현하는 것은 시인의 감수성이 아니면 불가능하리라. 그래서 시를 언어예술이라고 말하는 것이고 시인을 언어마술사라고 부르는 것이다.

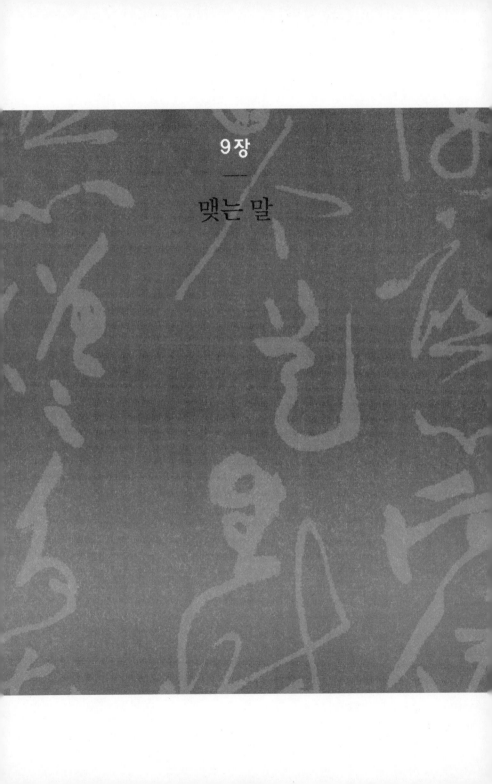

9장

—

맺는 말

중국 문화는 참으로 독특하면서도 그 영향력이 지대했다. 이것이 도대체 어떤 배경에서 형성되었을까 하는 의문으로부터 이 책의 과제는 시작되었다. 우리는 이 배경의 중심에서 한자를 보았고 한자의 속성과 기능이 곧 그들 문화의 원형으로 작용해왔음을 확인할 수 있었다. 중국이라는 큰 나라를 유지시켜온 변하지 않는 관념적 틀이 있다면 그것은 삼강오륜의 윤리로 요약되는 유교봉건주의일 것이다. 이 질서의 요체는 태양과 같이 완벽하면서도 변치 않는 상징적 존재를 체제의 정점에 설정하는 일이다. 그리고 그 아래에 세상의 모든 것을 체계적으로 귀속시키면 사회는 안정적으로 유지, 운영된다. 그러려면 이 체제가 당위적일 수밖에 없다는 헤게모니를 가져야 하는데, 이를 위해서는 그렇게 믿게 만들 합리성이 전제돼야 한다. 여기에 한자의 이미지 속성과 조자(造字) 구조는 이 합리성을 제공하는 데에 매우 중요한 도구가 된다. 그래서 한대 이후 청대에 이르기까지 한자학(또는 문자학)은 권력이 중시해온 학문 분야로 자리매김해왔다. 왜냐하면 한자학은 사물의 질서를 세움으로써 권력을 당연한 행위로 규정해주기 때문이다.

그렇다면 한자학은 어떤 방식으로 권력의 이데올로기를 정당화하는가? 그것은 궁극적으로 체제의 정점에 있는 자, 곧 황제의 것을 말함으로써 가능했다. 황제의 것이란 니체가 말한 바 '고상한 것(the virtuous)'으로서 이를 구별하기 위해서는 타자의 역할을 하는 '상(常)것'이 필요한데, 이 상것은 체계와 구조 속에서 비로소 재현된다. 그러니까 고상한 것의 구별이란 허위 형식에 지나지 않지만, 권력이 헤게모니가 되기 위해서는 어쩔 수 없이 거쳐야 하는 표상 행위인 것이다. "'고상한 것은 필수불가결하다.'라고 말하는 것은 곧 '경찰은 필수불가결하다.'라는 말과 같다."라는 니체의 통찰은 이와 맥이 닿는 말이리라. 왜냐하면 한자학의 산물인 자서(字書) 속의 체계가 내면화되면서, 고상한 것이 당연한 형이상학으로 받아들여짐과 아울러 피지배자 개개인이 그 체계를 통하여 자신의 위치를 알게 되므로, 누구도 황제의 권력에 도전하려 하지 않을 것이기 때문이다. 이것이 알튀세(Louis Althusser)가 말하는 이른바 호명(interpellation)이니, 호명은 바로 이데올로기에 다름 아니다.

한자를 잘 알면 세계가 한자의 체계대로 관념을 형성한다. 따라서 한자를 배운 사람들이 이 세계에 매우 용이하게 적응해 권력체제의 일원으로 동참할 수 있다. 중국에서 역대 과거제도에서 고급 관리인 진사과를 선발할 때 글쓰기로 시험한 것은 이 때문이다. 그래서 중국의 역대 정치인들은 모두 문인이나 시인이었다. 설사 정치에 참여하지 않았다 하더라도 한자를 잘 알아 이를 잘 구사할 줄 안다면 문화 권력을 갖게 되는데, 이는 바로 위와 같은 배경에서 나온 것이다.

그러나 한자가 세계를 구성하고, 또 세계를 운영하는 이치를 만들어내는 데 유리하다 하더라도 이것만 갖고서는 헤게모니를 갖기에 부족하다. 왜냐하면 아무리 훌륭한 상징체계라 하더라도 개인이 잉여로 배제되는 한계를 피할 수는 없기 때문이다. 따라서 이데올로기의 상징체계 밖으로 내버려지더라도 앞으로 '나' 개인에게 자리가 주어질 수 있다는 희망이 있어야 현재의 체제를 인정하고 살아갈 수 있는 것인데, 이 희망이 바로 역설이다. 한자가 역설을 수용하고 있듯이 중국의 민중들도 역설을 받아들이고 또 구경하면서 살아왔던 것이다. 이것이 그들의 문화이자 역사이다.

이 역설을 이해하지 못하는 외국인들이 중국에 살면서 겪는 어려움은 잘 알려진 사실이다. 한자의 존재론적인 의미 작용이 비즈니스나 일상생활에서 불쑥불쑥 튀어나오므로 이 때문에 적지 않은 갈등과 심지어는 분쟁까지도 발생한다. 그래서 1990년대 중반 중국과의 교역이 본격적으로 진행되기 시작할 무렵, 한국무역협

회(KOTRA)는 중국에 진출할 사업자들에게 몇 가지 주의사항을 주지시킨 바 있는데, 그중 하나가 중국의 사업자와 계약서를 쓸 때에는 반드시 영어로 작성하라는 말이 있었다. 즉, 한자가 갖고 있는 이 존재론적 의미작용에서 비롯되는 역설을 경계하라는 말이었다. 어떤 이는 이를 중국인들의 '꼼수'라고 폄훼하지만 반드시 '꼼수'만은 아닌 것이, 언어를 매개로 하는 우리의 의사소통 체계에 근본적인 오류와 허점이 존재한다는 진실이 문화와 문화가 만나는 지점에서 노출된 것일 뿐이기 때문이다.

# 찾아보기